¡Sssssshhhhhhhhhhh!

Haz del teatro algo íntimo

Llévalo siempre en el bolsillo

Cubierta y diseño editorial: Éride, Diseño Gráfico
Dirección editorial: ángel jiménez
Coordinador de la colección: Javier Llanos

Primera edición: octubre, 2024

Alejandro Magno
© Eduardo Galán
© Luis Luque
© VdB, 2024
Espronceda, 5
28003 Madrid

VdB®

ISBN: 978-84-19850-70-6
Depósito Legal: M-23639-2024
Diseño y preimpresión: Éride, Diseño Gráfico

Alejandro Magno

Esta obra se representó dentro de la programación
de la 62a edición del Festival Internacional
de Teatro Clásico de Mérida.

Dirección: Jesús Cimarro.

Eduardo Galán Font

Dramaturgo, guionista, novelista y ensayista español. Miembro de la Junta Directiva y del Consejo de Dirección de SGAE, Vicepresidente 1º de la Academia de las Artes Escénicas y Secretario General de la Asociación de Productores y Teatros de Madrid (AP-TEM). Como autor teatral ha estrenado más de treinta obras originales y muchas adaptaciones. Entre las originales sobresalen, entre otras, *La profesora* (*Life lessons/Lecciones de vida* en su estreno mundial en Nueva York con cinco premios internacionales), *La curva de la felicidad*, *Blablacoche*, *Maniobras*, *Historia de 2*, *La posada del Arenal*, *Mujeres frente al espejo*, *Nerón*, *Mercado de amores*, *Anónima sentencia*, *La sombra del poder*…

Luis Luque. Madrid 1973.

Director Adjunto Artístico del Teatro Español y de las Naves del Español en Matadero entre los años 2019 y 2023. Actualmente es director artístico de la Nave 10 Matadero Madrid. Como director de escena ha escrito y dirigido *Poncia* una dramaturgia a partir de la casa de *La casa de Bernarda Alba*. Junto a Sharon Fredman firma la pieza de danza contemporánea *Europa*. *Celebración* del propio Luque y de Álvaro Lizarrondo. Dirige *Marat-Sade* de Peter Weiss, *Las criadas* de Jean Genet. *Edipo* (*A través de las llamas*), *Fedra*, *Dentro de la tierra*, *Lulú*, *El pequeño poni*, *El señor Ye ama los dragones*, *Ahora empiezan las vacaciones* y *La escuela de la desobediencia*, todos textos del dramaturgo, y Premio Nacional de Literatura Dramática, Paco Bezerra. *Todas las noches de un día* del también Premio Nacional de Literatura Alberto Conejero.

Eduardo Galán
Luis Luque

Alejandro Magno

Esta función se estrenó en el Teatro Romano de Mérida
el 13 de julio de 2016, interpretada por Armando del Río (EFESTIÓN),
Amparo Pamplona (OLIMPIA), Unax Ugalde (TAXILOS),
Diana Palazón (CLEÓFILA), Aitor Luna (POROS), Félix Gómez (ALEJANDRO)
y Marina San José (ASIANA)

Dirección: Luis Luque.

Personajes

EFESTIÓN   General macedonio

ALEJANDRO   Rey de Macedonia

OLIMPIA   Reina de Epiro. Madre de Alejandro

TAXILOS   Rey de Taxila. Hermano de Cleófila

CLEÓFILA   Princesa de las indias

POROS   Rey de Paura

ASIANA   Princesa de las indias

Espacio

Campamento de Alejandro
Palacio de Taxilos
Campo de batalla

Tiempo

Siglo IV antes de Cristo

Prólogo.

Oscuro. agua, fuego y un sonido lento de tambores. Entra ALEJANDRO, *montado en su caballo Bucefalo. Espera. Entra un cortejo fúnebre con un cadáver sobre los hombros.* ALEJANDRO, *presencia el cortejo.*

EFESTIÓN   Que los dioses ayuden a Olimpia a alcanzar pronto la otra orilla. Rezad conmigo. Zeus todopoderoso.

TODOS   Zeus todopoderoso.

EFESTIÓN   Efesto, lleva a Olimpia hasta los brazos de Zeus.

TODOS   Llévala contigo.

EFESTIÓN   Poseidón, dale descanso eterno.

TODOS   Dale descanso eterno.

EFESTIÓN   Apolo, concédele a tu hija Olimpia la paz de los dioses.

TODOS   Concédele la paz.

EFESTIÓN   Afrodita, da consuelo a Alejandro, su hijo.

TODOS   Dale consuelo.

EFESTIÓN   Lo que la tierra se queda que el hombre lo respete.

TODOS   Lo que la tierra se queda que el hombre lo respete.

(ALEJANDRO *baja del caballo.*)

ALEJANDRO   Madre, tus visiones se cumplieron. Me he convertido en aquello que predijiste. Persia; Asia; Siria; Egipto y Mesopotamia me rinden obediencia. He atravesado un continente desconocido y he vencido a la muerte.

(*La presencia de* OLIMPIA *se acerca a* ALEJANDRO.)

OLIMPIA   Eres el dueño del mundo.

ALEJANDRO   Reina. Te veo.

OLIMPIA   Alejandro, podrás hablarme, siempre que lo desees.

ALEJANDRO   Madre, y, ahora ¿qué?

OLIMPIA   Seguir avanzado.

ALEJANDRO   Una nueva conquista.

OLIMPIA   Es tu destino, llegar a los confines de la tierra conocida.

ALEJANDRO   El mundo me ve como un dios.

OLIMPIA   ¿Acaso no lo eres?

ALEJANDRO   No sé la respuesta.

OLIMPIA   La sangre de Aquiles y de Hércules atraviesa tus venas.

ALEJANDRO   Sí, la sangre de la guerra y de la muerte.

OLIMPIA   Una sangre que sale de un corazón generoso. El tuyo, Alejandro. Por eso tu pueblo te adora como a un dios. La generosidad es propiedad de los dioses.

ALEJANDRO   Cuánto esfuerzo soporto para obtener el elogio de mi pueblo.

OLIMPIA   Aunque a veces no veas su luz, el firmamento no te ha abandonado. Los dioses te siguen guiando.

ALEJANDRO   A veces, sólo desearía haber seguido los pasos del maestro Aristóteles: mirar los astros y poder comprender.

OLIMPIA   Comprender qué.

ALEJANDRO   ¿Por qué no cesa el ansia?

OLIMPIA   Cuando tengas que enfrentarte nuevamente con tu destino y tengas que tomar una decisión, sólo, en ese instante, escucha a tu corazón. Luego, todo se volverá calma.

ALEJANDRO   Madre. Se acerca otra gran batalla.

OLIMPIA   Y, como siempre, sabrás cómo salir victorioso.

ALEJANDRO   Ojalá en nuestras victorias evitáramos el dolor de aquellos a los que sometemos.

OLIMPIA   Escucha a tu corazón y podrás evitarlo.

ALEJANDRO   Vencer, vencer, vencer… El camino de la muerte y yo no quiero más muertes.

OLIMPIA   Tomarás la mejor decisión. Estará escrito, tu mano obrará con justicia y no con venganza. Duda cuanto quieras, pero una vez que hayas tomado tu decisión, no mires atrás y camina con firmeza hasta lograr tu meta.

               (*La presencia de* OLIMPIA *desaparece.*)

ALEJANDRO   Ejército macedonio, atenienses, persas y egipcios. En esta noche, tan dolorosa para mí y para nuestro pueblo, quiero recordar que jamás un general pudo vencer a otro ejército sin la lealtad y la valentía de sus soldados. Hoy, quiero agradeceros el esfuerzo de combatir a mi lado para hacer más grande nuestro reino y llevar nuestra cultura y modo de vivir a los pueblos de Asia. Quiero decir lo honrado que me siento por ser parte de este ejército valiente que es el ejemplo del poder de Macedonia. Hemos recorrido juntos un continente, combatiendo en tierras ignotas. En Gaugamela, derrotamos al gran ejército de Dario pero fuimos generosos con la vida de su mujer y de sus hijos. Gracias por ayudarme a completar el sueño inacabado de mi padre. ¡Macedonios! mis planes de grandeza para nuestro pueblo no han concluido todavía. (ALEJANDRO *vuelve a montarse en su caballo.*) Nos encontramos a las puertas de la India una de las más salvajes y desconocidas tierras que hayamos pisado nunca. Nos enfrentaremos a miles de soldados con un arma desconocida para nosotros: Los elefantes. No los tememos. Al contrario, los indios nos temerán a nosotros y se arrodillarán ante nuestra justica. Pero antes de que comience una nueva batalla quiero que se sometan voluntariamente a nuestro ejército. Quiero ofrecerles una paz duradera. Y si no aceptaran nuestra paz derramaremos su sangre, mataremos a todos sus elefantes y Alejandro III de Macedonia os conducirá una vez más a la gloria y a la victoria. ¡A la victoria!

Escena I
La tierra.

En el palacio de Taxilos, Cleófila *y* Taxilos.

Taxilos   No intentes convencerme.

Cleófila   Mira a tu alrededor y verás los tronos convertidos en cenizas, los pueblos humillados y los reyes hechos prisioneros.

Taxilos   Se equivocan quienes toman sus decisiones movidos por el miedo.

Cleófila   Perderás la vida si te enfrentas a él.

Taxilos   Pero cumpliré con mi obligación.

Cleófila   Si lo conocieras, verías un corazón generoso.

Taxilos   ¿Pretendes que el resto de mis días me atormente oyendo decir a los pueblos indios que he forjado sus cadenas al rendirme sin hacerle frente?

Cleófila   No entiendes nada.

Taxilos   Entiendo que Alejandro nos amenaza con esclavizarnos.

CLEÓFILA   No quiere que seamos sus esclavos, sino sus amigos.

TAXILOS   Alejandro solo sabe aniquilar allá por donde pasa.

CLEÓFILA   Estás muy confundido.

TAXILOS   ¿Y tú quieres que nos entreguemos sin oponerle resistencia?

CLEÓFILA   Lo que quiero es que no entres en combate con el rey que ha puesto a toda Asia bajo su dominio.

TAXILOS   ¿Debo entonces abandonar al príncipe Poros a su suerte?

CLEÓFILA   No tienes la más mínima posibilidad de salir vivo del combate.

TAXILOS   No puedo traicionar a los príncipes que van a dar su vida por liberar nuestras provincias.

CLEÓFILA   No te estoy pidiendo que los traiciones, sino que los convenzas.

TAXILOS   Ninguno se va a arrastrar ante Alejandro a cambio de salvar su vida. ¿Por qué debo ser yo diferente?

CLEÓFILA   Porque Alejandro busca tu amistad y desea protegerte.

TAXILOS   ¿Mi amistad? ¿Crees que soy tan ingenuo?

CLEÓFILA   Al contrario, eres lo suficientemente inteligente como para saber que debemos aceptar su propuesta antes que conducir a nuestro pueblo a la muerte.

TAXILOS   Lo que no comprendo es por qué soy el único que se libra de su cólera.

CLEÓFILA   Te respeta.

TAXILOS   No me has respondido. ¿Por qué soy el único que merece su indigna piedad?

CLEÓFILA   Porque te considera el rey más valiente.

TAXILOS   No me hagas reír.

CLEÓFILA   Alejandro prefiere tu amistad a tu derrota.

TAXILOS   No quiero su amistad, sino la libertad de nuestro pueblo.

CLEÓFILA   ¿Pero no te das cuenta de que quiere que sigamos siendo un pueblo libre?

TAXILOS   ¿De verdad te crees esas mentiras con las que te seduce?

(Silencio.)

TAXILOS   ¡Cómo te has podido enamorar de él! Mi propia hermana.

CLEÓFILA   Si lo conocieras, no hablarías así.

TAXILOS   En buena hora fuiste a negociar con él.

CLEÓFILA   Me recibió con la veneración y con el respeto que merece una reina.

TAXILOS   Es un excelente estratega, sin duda.

CLEÓFILA   Atento, escuchó mis palabras sin interrumpirme. Luego, amablemente, me invitó a cenar con él y con…

TAXILOS   ¿Cómo no rechazaste su invitación?

CLEÓFILA   Me hablaba con educación y me miraba con respeto. ¿Por qué habría de rechazar su invitación?

TAXILOS   Te dejaste seducir como una ingenua.

CLEÓFILA   Es el más tierno y apasionando amante que pueda existir sobre la tierra.

TAXILOS   ¡Cleófila!

CLEÓFILA   No puedo eligir a quién amar.

TAXILOS   ¡Escúchame! todos los príncipes de estas tierras vamos a declararle la guerra. Y no está bien que mientras tanto una de nuestras princesas esté abrazándose con él. ¿Está claro? Si es verdad que te ama, oblígale a rendir las armas. O de lo contrario combatiremos contra él.

CLEÓFILA   ¿Por qué te empeñas en perder la vida? Acepta ser su amigo y él velará por todos. ¿Qué te lo impide? *(Silencio.)* Contesta.

TAXILOS   Mi corazón.

CLEÓFILA   Haces mal en confiar en ella.

TAXILOS   Asiana llevará a su pueblo a enfrentarse con Alejandro y yo debo estar a su lado.

CLEÓFILA   Está bien. Sigue las órdenes de esa tirana. Pagarás las consecuencias y perderás la vida por complacerla.

TAXILOS   Es lo que me pide mi corazón, como a ti el tuyo seguir a Alejandro. ¿Lo entiendes?

CLEÓFILA   ¿No te inquieta el interés que pone Asiana en pedirte que luches al lado de Poros?

TAXILOS   ¿Poros y...?

CLEÓFILA   ¿Acaso lo dudas? Combate contra Alejando, pero no esperes que ella te corresponda. Te empeñas en luchar contra Alejandro cuando lo que debieras hacer es luchar contra Poros.

TAXILOS   Haz que abrigue aunque sea una esperanza.
                 Una sola que me mantenga vivo. Si firmo la
                 paz, jamás conseguiré....

CLEÓFILA   Entérate bien: tu rival no es Alejandro, tu
                 rival es Poros. Él es el favorito de la prince-
                 sa. Él.

Escena II

TAXILOS y POROS.

POROS   Nuestros hombres están impacientes por entrar en combate y sueñan con ser condecorados como héroes de guerra.

TAXILOS   Sería mejor condecorarles como mensajeros de paz.

POROS   Desean poner a prueba su valor en lugar de estar esperando a que el enemigo alcance nuestras líneas. Para retenernos, Efestión nos solicita una entrevista.

TAXILOS   Tal vez quieran dialogar.

POROS   Solo los cobardes hablan. Los valientes luchan.

TAXILOS   Puede ser que Alejandro quiera proponernos la paz.

POROS   ¿Te atreverías a aceptarla?

TAXILOS   Me parece lo más sensato.

POROS   Yo no estoy dispuesto a quedarme de brazos cruzados mientras Alejandro quema nuestras casas y saquea nuestros templos.

TAXILOS   No conocemos sus intenciones.

POROS   Me basta con ver cómo ha devastado Asia central con sus guerras infames.

TAXILOS   Razón de más para escucharlo primero.

POROS   Los ríos de Asia están bañados de sangre.

TAXILOS   Prefiero buscar la paz y evitar que se derrame la sangre de nuestro pueblo.

POROS   Eres un cobarde.

TAXILOS   Cuidado con tu lengua príncipe. Un buen gobernante debe proteger a sus ciudadanos y no enviarlos a una muerte segura.

POROS   Un buen gobernante persigue la libertad de su pueblo. Y más cuando el cielo está a punto de abandonar a Alejandro. No voy a quedarme sentado para implorarle clemencia.

TAXILOS   El cielo sigue de su lado. Y nosotros no deberíamos despreciar el poder de un rey que domina desde Europa hasta los últimos confines de Asia.

POROS   No le desprecio. Al contrario.

TAXILOS   Por todos los dioses, firma la paz si no quieres que nos lleve a todos a la tumba.

POROS   Acepto que se le eleve a los altares, pero yo, si puedo, lo haré descender de los cielos para atacarlo en la tierra. Los cuernos envenenados de mis elefantes lo estarán esperando.

TAXILOS   Poros, Sabes que no tenemos la más mínima posibilidad de derrotarlo.

POROS   ¿Qué tendremos que pagar a cambio de tu paz?

TAXILOS   Sólo darle nuestra amistad y colaboración.

POROS   ¡Y tú te lo crees! Pregunta a los cientos de pueblos a los que esta mentirosa paz ha hecho prisioneros. Pregunta a todos esos sátrapas cuál ha sido el precio de su paz. La paz del tirano es humillación, esclavitud y vergüenza. Esa es la única paz que conoce Alejandro. No te engañes, o nos convierte en sus esclavos o somos sus enemigos.

TAXILOS   Te empeñas en morir como un héroe.

POROS   Y tú en vivir como un esclavo.

TAXILOS   ¿Para qué irritarlo si no vamos a resistir su ataque?

Poros   Para morir con honor y con dignidad. ¿No te parece noble la causa?

Taxilos   ¿De qué te vale tu honor en una fosa común en medio del campo?

Poros   ¿De verdad crees que va a respetar nuestras coronas y que no pondrá a otros reyes de su confianza en nuestro lugar como ha hecho en otros reinos?

Taxilos   Si atendemos su propuesta de paz, estoy convencido de que nos respetará.

Poros   Está claro que antepones tu cobardía a la gloria.

Taxilos   Alejandro se compromete a salvar mi reino.

Poros   Si pretendes salvarte y salvarme, marchemos hoy por sorpresa contra él.

Taxilos   ¿Crees que el amor te obliga a arriesgar la vida de tu pueblo?

(Silencio.)

Poros   La gloria y la valentía complacen a las reinas.

Taxilos   ¿Así que tantas palabras son solo el fruto de la seducción de una mujer?

Poros   No tergiverses mis palabras.

TAXILOS   La vida y la libertad de un pueblo someti-
           das a las fantasías de un enamorado.

POROS   Amo la libertad más que la paz. La gloria, será
           mía y tú te quedarás para la historia como el
           cobarde que no defendió a su pueblo.

Escena III

POROS y ASIANA.

ASIANA   ¡Taxilos!

POROS   Déjale que esconda su vergüenza.

ASIANA   ¿Qué sucede?

POROS   Desea rendirse a Alejandro junto a su hermana Cleófila. Y quiere que yo también haga lo mismo.

ASIANA   Yo podría convencerlo de lo contrario.

POROS   ¿Tú?

ASIANA   Me mira. Veo en sus ojos cómo me desea.

POROS   ¿Y?

ASIANA   Si le hablo, podríamos ganarlo para nuestra causa.

POROS   Nos traicionará.

ASIANA   ¿No confías en mí?

POROS   Taxilos te podría llegar a conquistar, pero no podrá arrebatarme la satisfacción de combatir por ti.

ASIANA   ¿Crees que puedo llegar a corresponderle? ¿He mostrado afecto por él en alguna ocasión? ¿Piensas que, hablando con él, iba a hacerme dudar de lo que siento?

POROS   Taxilos es un príncipe atractivo, que maneja bien las palabras.

ASIANA   Y yo soy estúpida, ¿no? Además, no me atrae esa clase de hombres.

POROS   Aun así te empeñas en protegerlo.

ASIANA   Quiero ganarlo para nuestra causa.

POROS   Está perdido.

ASIANA   No quiero que luches tú solo contra Alejandro.

POROS   No le temo en absoluto.

ASIANA   Necesitamos que Taxilos se ponga de tu parte.

POROS   Por mucho que hables con él, no lo conseguirás. Temo que te acabe seduciendo.

ASIANA   Estás celoso.

POROS   Quien ama siente celos hasta del aire.

ASIANA   Pues vete, pelea e impídelo.

POROS   Señora mía, mi corazón pone a vuestros pies
                 su gloria y su odio. Ordéname acerca de mi
                 vida, dispón de mi alma, que estaré dispues-
                 to a obedecerte.

ASIANA   Actúa, Poros.

POROS   Nuestros soldados están esperando la orden
                 de marchar contra Alejandro.

ASIANA   Ataca cuanto antes a nuestro enemigo. Es-
                 taré siempre orgullosa de un héroe como tú,
                 que camina hacia la gloria.

Escena IV

CLEÓFILA y EFESTIÓN

EFESTIÓN   Buenos días, señora.

CLEÓFILA   Efestión.

EFESTIÓN   Cleófila, permíteme que te informe de las razones que me traen a palacio: Alejandro reitera su compromiso contigo.

CLEÓFILA   ¿Necesita un emisario para decírmelo?

EFESTIÓN   Necesita confirmar que no lo rechazas.

CLEÓFILA   No lo creo, Efestión.

EFESTIÓN   ¿Es preciso que ponga a tus pies el resto de la tierra para que estés convencida de que es sincero?

CLEÓFILA   ¿Pretendes que crea que el «emperador de Asia», en la cima de su gloria, descienda a la tierra para expresarme su deseo?

EFESTIÓN   Así es. No lo dudes.

CLEÓFILA   Los hombres como él, una vez que seducen
                  y disfrutan de la mujer deseada, la olvidan
                  como olvidan los territorios sometidos a su
                  paso. ¿Cómo sé, que no es una argucia para
                  someter a mi pueblo?

EFESTIÓN   Alejandro te quiere como no lo he visto nun-
                  ca querer antes a ninguna mujer.

CLEÓFILA   Dile que, mientras siga siendo su prisione-
                  ra, no podré romper mis lazos. Necesitaré
                  ser libre para amarlo libre.

EFESTIÓN   No eres su prisionera. Mientras Alejandro
                  intenta negociar la paz con los reyes de las
                  indias me insiste en que venga para traerte
                  sus noticias.

CLEÓFILA   Pretendes ablandarme.

EFESTIÓN   Conozco a Alejandro mejor que a la palma
                  de mi mano... Puedo asegurarte que jamás
                  le ha interesado tanto una mujer… ¿No me
                  crees?

CLEÓFILA   Nada deseo más que creerte.

EFESTIÓN   No dudes y confía en él.

CLEÓFILA   Confieso que su regreso me llena de alegría.

EFESTIÓN   Ofrece la paz a los reyes de las indias.

CLEÓFILA   Yo también deseo la paz. Y así se lo he expresado a mi hermano.

EFESTIÓN   Convéncele entonces. Alejandro no quiere hacerle daño a tu hermano ni tampoco a los demás príncipes de estas tierras.

CLEÓFILA   Asiana empuja a Taxilos al combate al lado de Poros.

EFESTIÓN   Perderán la vida.

CLEÓFILA   Poros es un loco que solo quiere y ambiciona su propia gloria…. Más que a su propia vida.

EFESTIÓN   No te importe el destino de Poros. Preocúpate solo de salvar a tu pueblo.

Escena V
El agua.

Campamento de ALEJANDRO. ALEJANDRO *está leyendo un libro, es un ejemplar de «ilíada».*

ALEJANDRO   *«…Había visto años de guerra, porque un río no fluye ciego en medio de los hombres. Siempre me había mostrado impasible. Pero aquella noche sin luna, demasiada fue la sangre. En aquélla noche sin estrellas, yo, el río, me rebelé disgustado. La noche oscura llegaba a su fin y delante del muro de los aqueos los dos inmensos ejércitos se desplegaron el uno frente al otro. Estaba Aquiles, delante de los suyos; y en primera línea, delante de los troyanos, Eneas. Aquel día Aquiles mató y mató y mató, ¡Aléjate de mí, Aquiles! Deja ya de echar cadáveres a mis bellísimas aguas. ¡Detente y márchate! ¡Me marcharé de aquí cuando los huya matado a todos, río! dijo Aquiles Y entonces fue por eso por lo que provoqué una enorme ola, temible, que se levantó en el aire y luego fue a romper sobre el escudo de Aquiles, revolcándose sobre él. Consiguió salir de los remolinos, ganar la orilla e intentó escapar por la llanura. Pero hasta allí también lo perseguí. Lo perseguí con mis aguas, anegando todos los campos. El huía y la gran ola en que yo me había convertido lo acosaba. Y cuando se detenía, y se daba la vuelta, yo me echaba encima de él. Corría entre las aguas, entre los cadáveres y las armas que flotaban y se arremolinaban a su alrededor: corría con la fuerza de un dios, pero yo sabía que no lo salvarían ni su fuerza, ni su belleza, ni sus armas. Él acabaría en el fondo de una marisma, cubierto por el cieno. Y entonces vi el fuego. Una muralla de fuego que venía hacia mí. Ardían los olmos, los sauces, los tamariscos; ardían el loto y el junco; ardían los cadáveres y los hombres. El cielo se iluminó. Me detuve. El fuego me alcanzó. Lo que ningún hombre, nunca, había visto, lo vieron todos ese día: un río en llamas»*

(OLIMPIA *aparece.*)

OLIMPIA   Alejandro.

ALEJANDRO   Madre, ¿dónde estabas?

OLIMPIA   Cerca, a tu lado. Nunca te dejo solo.

ALEJANDRO   ¿Recuerdas lo que me decías las noches de luna llena?

OLIMPIA   Sí, Alejandro, que no olvidaras observar las estrellas.

ALEJANDRO   Y nunca he dejado de hacerlo, (*Mirando hacia el cielo.*) pero esta noche… esta noche, la oscuridad lo embarga todo.

OLIMPIA   ¿Qué te preocupa?

ALEJANDRO   La luna, las estrellas… no las veo.

OLIMPIA   Aunque no las veas, están ahí, como yo. Pero no es eso lo que te inquieta.

(*Silencio.*)

ALEJANDRO   Me insistías en que debía conquistar la tierra, llegar donde ningún otro había llegado nunca y ser el señor del mundo, pero nunca me dijiste que debía dejar ríos de sangre y muertos para conseguirlo ¿Cómo se puede ser un gran rey sin imponerse por la fuerza y la destrucción?…. Aristóteles me educó para pensar como un griego pero a luchar como si fuera un bárbaro.

OLIMPIA   La historia del hombre está escrita con sangre, está en su naturaleza. La historia no la has inventado tú. Recuerda que no eres el responsable.

ALEJANDRO   No quiero más sangre, madre. Amo esta vida pero esta vida sólo me devuelve muerte.

OLIMPIA   Si tus enemigos te conocieran de verdad…

ALEJANDRO   ¿Conocerme? ¿Quién me conoce? ¿Sé yo acaso quién soy? Ni yo mismo lo sé…Conocerse a uno mismo es la tarea más difícil porque pone en peligro nuestra cordura.

OLIMPIA   No te atormentes y abandona esos pensamientos. Ahora, es el momento de buscar la paz.

ALEJANDRO   No es fácil convencer a los pueblos.

OLIMPIA   Los dioses te hicieron inteligente. Escucha tu corazón. Ofrece tu mano al rival y convierte al enemigo en tu amigo. Da a tus súbditos los mismos derechos y sé respetuoso con sus tradiciones.

ALEJANDRO   Madre, los indios no aceptan la paz. Son temerosos, salvajes y obstinados. Hasta Cleófila está insegura de mi amor por ella. ¿Por qué no confían en mí? He demostrado mi generosidad. No deseo más destrucción.

OLIMPIA   Envía a Efestión.

ALEJANDRO   Lo ha intentado sin éxito.

OLIMPIA   Insiste. Que vuelva a hablar con los príncipes. Juntos sabréis conseguirlo. Eres el mejor estratega de la historia. Tu tenacidad te conducirá al éxito.

ALEJANDRO   Así lo haré, reina Olimpia.

OLIMPIA   Lo conseguirás.

ALEJANDRO   Madre, me siento solo.

Olimpia   Mira, aparecen las primeras estrellas, empiezan a brillar… Siempre estaré muy cerca, pero si algún día me voy definitivamente y cruzo el Hades, no intentes seguirme, cuando me necesites, búscame, me encontrarás detrás de la luna.

Escena VI

Palacio de TAXILOS. EFESTIÓN, POROS *y* TAXILOS.

POROS   ¿Aquí otra vez? Efestión, el amigo «íntimo» del gran hombre.

EFESTIÓN   No vas a ofenderme.

TAXILOS   ¿Qué mensaje nos traes, general?

EFESTIÓN   Alejandro, por última vez, desea ofreceros la paz.

POROS   ¿La paz?

TAXILOS   Déjalo hablar.

EFESTIÓN   Vuestros pueblos, esperanzados por vuestra osadía, pretenden detener al vencedor del Éufrates.

POROS   Alguna vez perderá la primera batalla.

EFESTIÓN   Si Alejandro no hubiera detenido la pasión de nuestros guerreros, hace tiempo que vuestros campos estarían regados con sangre.

POROS   Hay signos de la naturaleza que evidencian
               que el cielo está abandonando a vuestro rey.
               Los dioses no son tiranos y desean su muer-
               te cuanto antes. Tarde o temprano la deca-
               dencia humana se acaba pagando.

EFESTIÓN   Aunque quieras provocarme, no lo conse-
               guirás. Vengo en son de paz a convenceros
               de los planes de Alejandro.

POROS   Habla cuanto quieras pero no me conven-
               cerás de nada.

EFESTIÓN   Taxilos, escúchame y evita la muerte de mi-
               les de inocentes que vais a causar por vues-
               tra imprudencia.

TAXILOS   ¿Qué es lo que Alejandro tiene pensado para
               nosotros?

EFESTIÓN   Rendid vuestras tropas a su dominio y él os
               permitirá seguir gobernando sometidos a las
               leyes de Macedonia.

POROS   Jamás.

EFESTIÓN   Pensadlo bien. Perderlo o conservarlo todo.

POROS   ¿Tan ingenuos crees que somos? ¿Alejandro
               va a respetarnos? Una vez que haya instala-
               do sus tropas en nuestras tierras sin nuestra
               resistencia, encarcelará a todos los príncipes,
               para luego matarnos. Taxilos, no esperes pie-
               dad del tirano.

EFESTIÓN   Estás ciego.

TAXILOS   Nosotros queremos ser amigos y no esclavos
                  de Alejandro. Queremos aplaudir sus haza-
                  ñas como buenos amigos. Por mi parte, si
                  nos quiere por amigos, acepto su amistad.

POROS   ¡Taxilos! ¡Estás traicionando a tu pueblo!

TAXILOS   Lo estoy defendiendo de una muerte segu-
                  ra.

POROS   ¿Soy el único rey capaz de enfrentarse a Ale-
                  jandro? (*Silencio. A* EFESTIÓN.) Vete, la his-
                  toria nos enseña que hasta el rey más pode-
                  roso pierde una partida por primera vez. El
                  mundo entero sabrá que el rey Poros le cor-
                  tó la cabeza a Alejandro el macedonio.

EFESTIÓN   No ha nacido hombre capaz de arrebatarle
                  la vida al gran Alejandro. ¡Muere si quieres
                  y arrastra la muerte a tu pueblo! ¡La histo-
                  ria te juzgará por rechazar la paz! Verás con
                  tus propios ojos cómo combate Alejandro.
                  Él mismo te dará muerte. ¡Que los dioses te
                  protejan!

                  (EFESTIÓN *sale.*)

TAXILOS   ¡Te has vuelto loco! ¡Tenías que haber con-
                  vocado la asamblea de príncipes para infor-
                  mar y dejar que en votación se le diese una
                  respuesta!

POROS
¡No hay nada que consultar! Todos los príncipes de las indias, salvo tú y tu hermana estamos de acuerdo. Pero todavía estás a tiempo de unirte a nosotros y no ser un cobarde.

(ASIANA *entra*.)

ASIANA
(*A* TAXILOS.) ¿Es cierto lo que he escuchado? ¿Es cierto que te has sometido a las órdenes de Alejandro?

TAXILOS
Poros cumple con su deber y yo cumplo con el mío.

(TAXILOS *sale*.)

ASIANA
¡Cobarde! No lo dudemos más, Taxilos nos está traicionando.

POROS
Ya lo decía.

ASIANA
Prefiere complacer a su hermana que conseguir la gloria y defender a su pueblo.

POROS
Sé que no va a luchar contra Alejandro. Notaré su ausencia en el combate. Ya no puedo confiar en él.

ASIANA
Los traidores jamás consiguen la gloria ni son recordados por su pueblo.

POROS
Deberíamos vigilarlo. Me marcho a preparar el combate.

ASIANA   Sí, vete.

(Silencio.)

POROS   Asiana. Es posible que no volvamos a vernos.

(Se acercan.)

ASIANA   Eso no ocurrirá.

POROS   Mañana, ¿estarás a mi lado?

ASIANA   Mañana, estaré junto a ti. Y ahora vete, vence al tirano, y líbranos de sus cadenas. ¡Vence y sobrevive!

Escena VII

(Asiana y Cleófila.)

CLEÓFILA   Princesa, te informo de que el príncipe Taxilos ha ordenado que permanezcas en Palacio.

ASIANA   ¿Cómo? ¿No se me permite salir?

CLEÓFILA   Así es.

ASIANA   ¿Mañana no podré ver a mi ejército en combate?

CLEÓFILA   Me temo que no. Compréndelo es por tu seguridad, Taxilos desea protegerte.

ASIANA   ¿Dejándome encerrada en vuestro palacio?

CLEÓFILA   Teme por tu vida. Aquí estarás más segura que en el campamento de Poros.

ASIANA   ¿Por mi vida?

CLEÓFILA   Eso es.

ASIANA   ¡Déjame salir!

CLEÓFILA   No te lo voy a permitir.

ASIANA   ¡Cleófila! ¡Quiero salir!

                (ASIANA *hace amago de salir pero* CLEÓFILA *la
                agarra del brazo.* CLEÓFILA *le da una bofetada.*)

CLEÓFILA   ¡Quieta!

ASIANA   ¡Aborrezco vuestra paz! ¡Desprecio a tu her-
                mano! ¡Lo odio y lo odiaré toda mi vida!

CLEÓFILA   Y él seguirá velando por ti.

ASIANA   ¿Me ama en contra de mi voluntad? No lo
                querré nunca. Nunca. ¿Lo entiendes?

CLEÓFILA   ¡Qué dichoso es Poros! Mañana, en el cam-
                po de batalla lo buscarías para salvar su vida.

ASIANA   Sí, si pudiera salir de este palacio, mañana,
                al amanecer, me pondría delante de las lan-
                zas enemigas para que traspasaran mi cora-
                zón y protegerlo a él del peligro. Cuando
                amas a alguien, piensas más en su vida que
                en la tuya propia. ¿O acaso tú no harías lo
                mismo por Alejandro?

CLEÓFILA   Ten sensatez y aguarda. Alejandro te traerá
                vivo a Poros.

ASIANA   ¡Poros me traerá la cabeza de tu macedonio
                maldito! ¡Corre en su busca y defiéndelo an-
                tes de que él le dé muerte!

Escena VIII

Campamento de ALEJANDRO. ALEJANDRO *y* EFESTIÓN.

ALEJANDRO   Efestión, olvídate ya de esos indios y bebe conmigo esta noche. *(Silencio.)* ¿Qué pasa, amigo mío? *(Silencio.)* ¿Qué ocurre? *(Silencio.)* Habla, ¿Qué es lo que sucede?

EFESTIÓN   Alejandro… nuestros hombres están inquietos. Hablan, murmuran…

ALEJANDRO   Déjalos que hablen. No hay de qué preocuparse. Siempre se inquietan en la víspera de una nueva batalla. Pero ninguno de esos indios ni sus elefantes podrán detenernos.

EFESTIÓN   No son los elefantes lo que los inquietan.

ALEJANDRO   ¿Entonces?

EFESTIÓN   Alejandro. Llevamos más de ocho años de campaña. Más de cien mil leguas nos separan de nuestras familias.

ALEJANDRO   Lo sé, soy consciente, pero el océano circundante está muy cerca….

EFESTIÓN   Alejandro…

ALEJANDRO   Según los cálculos de Aristóteles, detrás de esas montañas nos encontraremos con el océano, el final del mundo. Queda muy poco para que podamos ver…

EFESTIÓN   ¡Alejandro, escúchame! Nuestro ejército no entiende que hayas adquirido ni los ropajes ni las costumbres de los persas. He tenido que sofocar un par de revueltas. Ellos, te aman pero no quieren seguir avanzando. Sólo quieren regresar para disfrutar sus últimos años de vida cerca de sus familias.

ALEJANDRO   Sé que están preocupados, porque nunca nadie había llegado tan lejos, pero estamos a sólo tres semanas del gran océano. Nuestra ruta de regreso a casa. (*Silencio.*) ¿Qué? General, ¿guardas silencio? ¡Por los dioses! ¿Mi ejército asustado? ¿Qué les ocurre a los soldados macedonios que combaten y dan muerte a los barbaros?

EFESTIÓN   No es temor lo que tienen, es cansancio.

ALEJANDRO   Solo los soldados cansados ganan mil batallas.

EFESTIÓN   No, mi rey, no se puede pedir más a nuestras tropas.

ALEJANDRO   Hay que exigirles hasta la victoria final. Estamos en el umbral del océano.

EFESTIÓN   ¿Qué más puedes exigirles a los que han dado su vida en combate por su rey? Alejandro, no me gustan las quejas ni jamás las he tolerado pero han muerto demasiados. De los cuarenta mil hombres que se alistaron con nosotros hace ocho años, ¿cuántos quedan? Todos te siguieron alrededor de Asia, bajo el desierto, bajo la lluvia o bajo el sol. ¡Han combatido en cincuenta batallas! Algunos han muerto con honor pero otros no tuvieron esa suerte. Mataron a muchos barbaros y ahora que miro a mi alrededor, ¿cuántos de esos compañeros ves aquí? Y además ¿les pides que se enfrenten a esas tribus de monos y de monstruosos elefantes?

ALEJANDRO   Efestión, mi amado Efestión, sabes que no queda en mi cuerpo ni un solo rincón que no ocupe una cicatriz o un hueso roto por espada, daga o catapulta. Soy uno más entre los combatientes.

EFESTIÓN   Sí, es cierto mi gran Alejandro. Y todos te quieren por ello. Pero han muerto muchos. Nosotros no tenemos hijos, Alejandro, y nuestros soldados son hombres sencillos que no quieren disgustar a los dioses. Solo desean ver a sus esposas, a sus hijos y a sus nietos por última vez.

ALEJANDRO   Efestión.

EFESTIÓN   Dime, querido rey.

ALEJANDRO   ¿Compartes tú también su opinión? (EFES-
            TIÓN *no contesta.*) ¡Dime!

EFESTIÓN   Yo solo quiero estar a tu lado, donde siem-
            pre he estado.

ALEJANDRO   No, no es eso lo que te he preguntado.

EFESTIÓN   Alejandro, yo nunca te abandonaré, nunca
            ¿me oyes?, aunque me ofrecieran todas las
            riquezas de Asia.

            (Silencio.)

ALEJANDRO   Efestión, mírame ¿cómo crees que me sien-
            to yo? Mis ojos también están cansados de
            ver tantos cuerpos destrozados, de ver tanta
            sangre esparcida por la tierra y tanta muer-
            te. Los gritos de cada muerto retumban cada
            noche en mis oídos… ¡Es terrible ser el cau-
            sante de tanto daño! *(Silencio.)* Efestión, tú
            sabes que te amo.

EFESTIÓN   Si y tú de sobra sabes lo que mi corazón
            siente.

ALEJANDRO   Te he querido desde que éramos niños y
            ahora, cuando te veo en el campo de bata-
            lla, subido en tu caballo, me pareces el más
            hombre de todos los hombres de la tierra.

EFESTIÓN   Gracias, Alejandro.

ALEJANDRO   Siempre me he preguntado cómo un hombre como tú puede albergar tanta ternura.

EFESTIÓN   Nadie me conoce mejor que tú.

(ALEJANDRO y EFESTIÓN *se miran.*)

ALEJANDRO   Calma a nuestros hombres, Efestión. Después de que la India sea nuestra, pensaré en la forma de volver a casa.

EFESTIÓN   Siempre has tenido un corazón generoso.

ALEJANDRO   Tú me has ayudado a ensancharlo. Efestión, mañana, en el campo de batalla no des muerte a Poros… Júrame que no lo harás. (*Silencio.*) ¿Lo juras?

EFESTIÓN   Lo juro.

ALEJANDRO   Gracias.

(EFESTIÓN *va a salir.*)

ALEJANDRO   General, no me abandones esta noche; hoy, no soporto la soledad. Bebe conmigo y sueña a mi lado.

EFESTIÓN   Así lo hare, Alejandro, mi rey, mi amigo.

Escena IX

Alejandro.

Alejandro   Efestión, ¿duermes, amigo? Qué envidia dormir como tú, sin pensamientos oscuros que dañen el sueño. Sí, mejor descansa, mañana nos espera otra sangrienta lucha…Tampoco brillan las estrellas esta noche. Luminarias celestes, no me abandonéis, no me dejéis sin luz que guíe mis pasos en la batalla. Vosotras, que nunca renunciáis a acompañarme hasta cuando el último de mis hombres duerme. Sólo oigo el silencio y el respirar agitado de Bucéfalo, todos saben que esos temibles elefantes andan cerca… y nuestro hogar muy lejos. Yo, en cambio, no oigo nada, no siento nada. Mañana, después de la victoria, obsequiaré a todos mis hombres con un buen festín… pero… ¿Qué festejar? ¿La muerte de muchos de ellos lejos de sus hogares? ¿La muerte de mis enemigos y de sus príncipes? ¿Qué celebrar entonces? ¿Mi valentía, mi gloria? ¿Una victoria más del gran Alejandro? Sí, otro territorio conquistado, pero siento que con cada territorio que cruzo, con cada frontera que atravieso, me despojo de otra ilusión más. ¿Qué pasará entonces cuando llegue al final de la tierra habitada? No habrá más allá… mi muerte será la última ilusión. Alejandro, Alejandro «El grande». Pero ¿quién eres Alejandro? ¿A qué has venido al mundo? ¿Quién eres hijo del sueño? ¿Qué buscas en cada nueva conquista? ¿Por qué no se calma tu sed de continuar, siempre hacia adelante, incansablemente, como si no hubiera fin en tus ansias de conquistar el mundo? Ni tú mismo, Alejandro, lo sabes. Olimpia, ayúdame, tú que me enseñaste a mirar al cielo, a observar las estrellas para ver mi reflejo en alguna de ellas. Pero ahora no veo el destello, no hay ninguna estrella. El dios no se reconoce. Se escribirán grandes historias sobre mis hazañas, pero ¿y en los libros se sabrá quién era de verdad Alejandro, el joven primogénito hijo de Filipo y Olimpia, el hombre que dudaba de sí mismo y de su destino? El hombre que se convertirá en un mito, en un dios… Un dios demasiado humano que no podía dormir antes de las batallas. Un dios que ni siquiera podía verse reflejado en las estrellas.

Escena X
El fuego.

Palacio de Taxilos. Taxilos, Asiana y Cleófila.

TAXILOS

Con apenas quince mil soldados Alejandro ha derrotado al ejército de Poros. Un ejército con más de treinta mil guerreros, entre soldados de a pie, jinetes y arqueros. Al amanecer, después de una noche de tormenta, Alejandro, cruzó por sorpresa a la orilla izquierda del Hidaspes por el lugar menos esperado. El rey Poros, que había colocado a sus trescientos elefantes en toda la línea del río, intentó reaccionar yendo al encuentro de las tropas de Alejandro. Pero fue demasiado tarde. La batalla comenzó con una lluvia de flechas cayendo sobre la infantería de Poros mientras el ataque de sus falanges macedonias aplastaba a la caballería india. El ejército de Alejandro avanzó con rapidez atravesando el campo embarrado, los truenos, en el cielo, se mezclaban con los gritos de quienes caían. La confusión se apoderó de las tropas indias que comenzaron a replegarse sin saber muy bien cómo reaccionar. Los elefantes, heridos, asustados y sin control arremetían contra todo lo que tenían alrededor. Embistieron con sus colmillos, barritaron desesperados y pisotearon sin piedad los cadáveres que se hundían en el fango. Los pocos guerreros indios que quedaban con vida trataban de huir de aquel infierno mientras los macedonios seguían cortando cabezas. El río descendía rojo de sangre india.

ASIANA   Y ¿Poros? ¿Vive? (*Silencio.*) Contesta, ¿Y Poros?

TAXILOS   Cayó de su elefante desangrándose. Me informaron que hombres valientes rescataron su cuerpo de entre las montañas de cadáveres y se lo llevaron para honrar sus restos.

ASIANA   Tú, cobarde. ¿Cómo te atreves a narrarme la batalla sin haber defendido a los tuyos? ¿Cómo te atreves ni siquiera a hablarme?

CLEÓFILA   Alejandro quiere que conserves el trono que Poros no debió arriesgar.

ASIANA   ¿Alejandro garantizando mi trono?

TAXILOS   ¡No seas soberbia! Reyes vencidos han continuado reinando por su generosidad. Hasta la mujer y la madre del gran Darío de Persia le están agradecidas.

ASIANA   ¡No! ¡No quiero nada suyo! No sé vender mi libertad ni reinar por compasión.

TAXILOS   Asiana…

ASIANA   ¿Crees que soy como una frágil mujer per-
           sa? ¿Crees que el afán de poder va a hacer
           que me humille ante Alejandro? No me co-
           noces. Que os entregue a vosotros mi reino.
           No os envidio, porque seréis aún más escla-
           vos.

CLEÓFILA   Cambiarás de opinión.

ASIANA   Y tú, rey de Taxila, con tu miedo solo has
           conseguido que te odie aún más. Espero que
           Alejandro, avergonzado de tu cobardía,
           pronto te dé la muerte que mereces. Trai-
           dores como tú me hacen despreciar el mun-
           do. Ahora ya nada me retiene aquí. Voy a
           preparar el funeral del gran héroe de las in-
           dias: Poros el único rey que tuvo el valor de
           enfrentarse a Alejandro.

           (ASIANA *sale.*)

TAXILOS   ¡Asiana!

CLEÓFILA   No te humilles ante ella. Olvídala.

TAXILOS   Como si pudiera hacerlo.

CLEÓFILA   Taxilos, Asiana ha demostrado ser mentiro-
           sa y vengativa. No es la mejor compañera
           para un rey como tú.

TAXILOS   ¿Es mejor amar a Alejandro, hermana? El sanguinario invasor de nuestro reino, el hombre que ha traído la guerra a nuestras fronteras. ¿Acaso merece más compasión quien provoca la guerra que quien se defiende de ella?

CLEÓFILA   Recuerda que ahora eres su aliado y le has prometido lealtad.

TAXILOS   Y a cambio he perdido el respeto de los reyes indios y de mi propio pueblo. Tal vez habría sido mejor pelear y morir conservando el honor de un rey.

            (*Se interrumpe la acción por el sonido de la llegada de* ALEJANDRO.)

Escena XI

ALEJANDRO, TAXILOS, CLEÓFILA, EFESTIÓN

ALEJANDRO   Señora, Rey, vengo a comunicaros mi victoria en el campo de batalla y a confirmar mi compromiso de amistad. Taxilos…

TAXILOS   Señor. Dime, soy tu amigo.

ALEJANDRO   Taxilos, agradezco tu esfuerzo al respetar nuestro acuerdo de paz.

TAXILOS   Era mi obligación como soberano. Ahora sólo espero que Alejandro cumpla con su parte del trato y se respeten nuestras tradiciones.

ALEJANDRO   Así será, no tenéis de qué preocuparos… Taxilos, disculpa mi indiscreción ¿es verdad que la princesa Asiana te rechazaba y se inclinaba por el rey Poros?

TAXILOS   Así es.

ALEJANDRO   Yo haré que vaya a tus brazos.

TAXILOS   Difícil empresa.

ALEJANDRO   Amigo Taxilos, esta es mi decisión respecto al gobierno de las tierras hoy conquistadas. Las tropas de Asiana, unidas a las del valiente rey Poros, han sido derrotadas. Como vencedor del Hidaspes ahora debo elegir el mejor gobierno para los reinos que se opusieron a mis ofertas de paz. Taxilos, has demostrado ser un leal aliado y tu compromiso merece mi confianza. Todas las tierras del difunto Poros y de la princesa Asiana quedan desde este momento bajo tu gobierno. El reino de Poros te pertenece, es tuyo. Y el de Asiana también. Si quiere recuperarlo, tendrá que unirse a ti. Ese será su precio.

TAXILOS   Sólo deseo que esa decisión sirva para traer al fin la paz a nuestras tierras.

ALEJANDRO   El pueblo de Taxila estará agradecido, ya que le habéis salvado de la destrucción.

TAXILOS   Espero que así sea. Alejandro, hermana.

(TAXILOS *sale.*)

ALEJANDRO   Efestión. Sal ahora en busca del rey Poros y tráelo aquí para que pueda impartir justicia. No tengas prisa en capturarlo.

EFESTIÓN   Como órdenes, Alejandro.

CLEÓFILA   ¿Poros? Pero…

ALEJANDRO Sí Cleófila, el rey Poros está vivo y ha conseguido huir. (*A* EFESTIÓN.) Recuerda mi orden. Lo quiero vivo. No más muertes.

EFESTIÓN Así se hará.

(EFESTIÓN *sale.*)

ALEJANDRO Poros escapó de entre los miles de cadáveres de hombres y elefantes. Está herido, escondido en las montañas. Mis hombres, a su debido tiempo, le darán caza.

CLEÓFILA Pero Taxilos dijo que Poros había muerto, que cayó de su…

ALEJANDRO Sólo está herido. Yo mismo hice crecer el rumor de su muerte.

CLEÓFILA Debo comunicar inmediatamente a mi hermano que Poros está vivo.

ALEJANDRO No. Espera. Es mejor que nadie lo sepa, si Asiana es informada no aceptará a Taxilos y podría provocar otra batalla. Es importante que no se sepa nada hasta que tengamos a Poros en palacio.

CLEÓFILA ¿Has ofrecido a mi hermano ser rey de Paura con Poros vivo?

ALEJANDRO   Poros perdió la batalla. Si quiere vivir deberá entregar su reino a Taxilos. Será su única condición.

CLEÓFILA   Esta noticia lo cambia todo. Poros no se va a doblegar con facilidad y además Taxilos podría…

ALEJANDRO   Confía en mis planes Cleófila, jamás he errado en la estrategia. Pero no hablemos más de Poros, no hablemos más de guerra. Te prometí que, triunfante, vendría a buscar tus brazos.

CLEÓFILA   He ansiado tu vuelta tanto como esta paz.

ALEJANDRO   Cleófila, llevo noches sintiendo que mi corazón tiembla y algo me dice que tengo que parar mi espada y concluir esta campaña de otro modo, sin sangre… Ahora, sólo tengo el deseo de pacificar estas tierras y que tus súbditos puedan disfrutar de su gran reina.

CLEÓFILA   Alejandro, desde el día que fui a negociar contigo no he dejado de pensar en la clase de hombre que eres.

ALEJANDRO   No soy lo que dicen que soy.

CLEÓFILA   Soy sincera si te digo que he albergado dudas sobre tus intenciones pero había algo en ti y en tu forma de proponer la paz que me ha hecho confiar.

ALEJANDRO   Cleófila, he tenido que atravesar la tierra entera para encontrarme con mi destino. Y ahora, el amor por ti ha ayudado a que mi corazón se revele contra la muerte.

CLEÓFILA   ¿El amor de una princesa india salvó a Alejandro?

ALEJANDRO   No lo dudes.

CLEÓFILA   Alejandro.

(*Se besan.*)

ALEJANDRO   Princesa eres la mujer que más he amado en toda mi vida. (*Un mal gesto de* CLEÓFILA.) ¿Qué ocurre Cleófila?

CLEÓFILA   Estoy inquieta… Que Poros viva es una amenaza.

ALEJANDRO   Juro que para mí no.

CLEÓFILA   Pero si para mi hermano. No sé cómo va a reaccionar ante la noticia.

ALEJANDRO   Yo sabré cómo hablarle llegado el momento.

(*Entra* ASIANA.)

CLEÓFILA   Gracias. Alejandro, Asiana se acerca.

ALEJANDRO   Déjame con ella y haz que Taxilos venga a
mi presencia.

64

ALEJANDRO   Déjame con ella y haz que Taxilos venga a
mi presencia.

Escena XII

ASIANA, ALEJANDRO. ALEJANDRO *escucha.*

ASIANA   Perseguida. Asediada permanentemente por ese odioso enamorado. No me gusta la cobardía. No me gusta rendirme ante el poderoso. ¿Qué es preferible: vivir sin honra o morir con honor? Lucharé siempre por mi libertad y la libertad de mi pueblo. Y tú, Poros, has elegido el honor y la gloria. Poros, mi amor profundo ¿por qué nunca te dije que te amaba? Ahora me arrepiento de haberte empujado a la batalla sin declararte la verdad. ¡Qué necia, cómo he podido callar mis sentimientos! Perdóname, príncipe, ahora veo que te amo más que a nadie en el mundo. Ahora, que has perdido la vida, daría la mía a cambio de la tuya… Sí, morir para salvarte. Morir como reina y amante tuya.

(*Entra* ALEJANDRO.)

ALEJANDRO   Princesa.

ASIANA   Alejandro, el gran benefactor. ¿A qué vienes? ¿Me vas a hacer tu esclava?

ALEJANDRO   Siento interrumpir tu llanto por un rey tan valiente como Poros.

ASIANA   Hablando de él, ¿por qué viniste a atacarlo?

ALEJANDRO   El destino me mueve a luchar contra cualquier hombre armado.

ASIANA   ¿Qué te trae hasta los confines de la tierra para guerrear contra un pueblo que en nada te han ofendido? No podías aceptar que brillase el valor de Poros sin que tu orgullo intentase derrotarlo…

ALEJANDRO   Poros tenía que saber que no conozco el miedo y que ninguna región, por remota que sea, puede librarse de mi dominio.

ASIANA   Realmente crees que eres un dios.

ALEJANDRO   Yo, sólo soy un hombre.

ASIANA   Pero las gentes te han elevado a los cielos y te admiran como si fueras un héroe divino.

ALEJANDRO   Te diría que Poros, siendo derrotado, ha visto crecer su gloria.

ASIANA   ¡Poros ha sido traicionado! No hubiera sido así, si Taxilos no lo hubiera engañado… Quiero que sepas que Taxilos se vanagloria de que, si has vencido, ha sido por su apoyo. Por su estrategia y ardides para dejar a

Poros solo en el combate. Eso asegura entre sus fieles. Es una vergüenza querer apoderarse de tu gloria. No confíes en él. También a ti te traicionará.

ALEJANDRO No mientas y no intentes hacerme dudar de Taxilos. Si los demás hubierais aceptado mis propuestas de paz, no estaríamos lamentando la pérdida de Poros y la de tantos soldados.

ASIANA Eres invencible. ¿Quién lo duda?

ALEJANDRO Tú y tú rey lo dudasteis al enfrentaros a mí.

ASIANA Has dejado morir a Poros, desangrándose como una bestia salvaje. Te sientes orgulloso por haber derramado su sangre. Por mucho que tus formas quieran ser educadas y exquisitas, al final no eres más que un asesino despreciable.

ALEJANDRO Deseo complacerte a pesar de tus palabras.

ASIANA Déjame en paz.

ALEJANDRO No veas en mí a un tirano. Si me observaras con mirada limpia, verías…

ASIANA ¡Calla! ¿Acaso tu amabilidad me devuelve a Poros? Tienes fama de conseguir convencer incluso a tus enemigos de tus infinitas bondades. Conmigo no lo conseguirás.

ALEJANDRO   Ya has honrado con llantos su memoria. Ahora, puedes hacer algo más útil.

ASIANA   Si no puedo llorar, ¿qué es lo quieres que haga?

ALEJANDRO   Que reines princesa Asiana. Elegiste pelear contra mí y tomaste partido por el bando equivocado. Ahora, tu error ha sido castigado con la pérdida del trono y la destrucción de tu ejército. Pero tu sangre sigue siendo noble y digna de reyes. Podrás seguir reinando en tus dominios con la condición de que te unas en matrimonio al leal Taxilos. Sólo de esa manera podrás reinar.

ASIANA   ¿Quieres que me una a ese cobarde?

ALEJANDRO   Nombre injusto para rey tan leal. Dueño de sus reinos, no ha hecho más que poner a salvo a su pueblo.

ASIANA   Es un traidor.

ALEJANDRO   Te ama. Si unís vuestros reinos, os auguro años de prosperidad.

(*Entra* TAXILOS.)

ASIANA   Aquí viene Taxilos, el cobarde.

Escena XIII

ALEJANDRO, ASIANA y TAXILOS.

ALEJANDRO   Acércate rey Taxilos.

TAXILOS   Alejandro. Princesa.

ALEJANDRO   Hablábamos de la prosperidad, de un futuro de esplendor para estas tierras. Ambos conocéis mis intenciones respecto a la unión de vuestros reinos. Os he expuesto mis planes de paz, pero es vuestra la última palabra, ya que aunque puedo decidir sobre el destino de los pueblos no puedo imponerme en los deseos de las personas. Tratad de poneros de acuerdo con magnanimidad, ya que no debéis olvidar que de la conducta de cada uno dependerá el destino de todos. Os dejo a solas.

(ALEJANDRO *sale.*)

ASIANA   El rey de reyes ha sentenciado.

TAXILOS   Estoy informado.

ASIANA   También dice que me amas.

TAXILOS Bien lo sabes

ASIANA Si me quieres de verdad, debes amar la gloria tanto como yo misma la amo.

TAXILOS ¿Y no te he dado prueba de ello?

(Silencio.)

ASIANA Deberás luchar contra Alejandro, vencerlo o morir con las armas en la mano. Esa será la única prueba que aceptaré.

TAXILOS Me estás pidiendo un suicidio.

ASIANA Te estoy diciendo lo que haría que cambiase mi inclinación por ti.

TAXILOS ¿Quieres para mí lo mismo que le ha ocurrido a Poros?

ASIANA Quiero que seas tan digno de mi amor como él. Sé diferenciar entre un esclavo y un rey.

TAXILOS No borrarás nunca la imagen de Poros de tu memoria. Nunca podré vencer lo que sientes por Poros. Aunque muera en combate, jamás lograré enamorarte.

ASIANA Podrías recuperar mi aprecio lavando tu traición con sangre enemiga. Poros, desde la tumba, te ayudará a darte el valor que necesitas para que reúnas a sus hombres en torno a tu bandera. Incluso tus soldados, avergonzados por tu comportamiento, lucharán a tu lado.

TAXILOS   Los llevaré a una muerte segura.

ASIANA   ¿Prefieres ver a tu pueblo ser esclavo del tirano, avergonzado de haber sobrevivido?

TAXILOS   ¡No!

ASIANA   Pues entonces devuelve la humillación a la que nos ha sometido Alejandro, conviértete en el legítimo defensor de mi trono y del tuyo. Concede a Poros un digno sucesor... ¿Qué? *(Silencio.)* ¿No me respondes? *(Silencio.)* ¿No dices nada? No sé para qué te propongo seguir el ejemplo de un héroe. Tienes alma de siervo. Vete y sirve a tu rey. Y a mí déjame en paz y olvídame para siempre.

TAXILOS   ¡Ya basta! Te olvidas de que puedo hablarte como tu rey y señor, que puedo cansarme de soportar tu desprecio y que tu vida y tu reino están bajo mí poder, que podría......

ASIANA   ¿Qué podrías? ¿Matarme? ¡Taxilos, el rey valiente que asesina a una mujer que le reprocha su cobardía!

TAXILOS   Me estás provocando.

ASIANA   ¿Quieres que te provoque? ¿Tendrías el valor de seducirme? Vamos, Inténtalo. Haz lo que quieras, pero lo único que conseguirás es que mi desprecio por ti se acreciente. Dame muerte de una vez y envíame a reunirme con Poros, que es lo único que deseo.

TAXILOS   ¡Vete! (ASIANA *sale.*) El desprecio de Asiana es el desprecio de todo mi pueblo. Mientras mis hermanos luchaban yo firmaba la paz y por eso, ahora, todos, desde sus tumbas me desprecian. Sin gloria, sin honor y sucesor de un trono regalado por un tirano. No, no soy merecedor de los dones de mis ancestros. Asiana tiene razón, Taxila tiene por rey a un cobarde que se esconde detrás de una maldita firma de paz.

Escena XIV

Taxilos y Cleófila.

Cleófila   ¡Olvídala de una vez! No te traerá nada bueno. Está dolida pero con el tiempo se calmará, ahora sólo es una princesa egoísta que busca venganza.

Taxilos   ¡No! No sólo es Asiana. ¿Cómo me presento ahora ante mi pueblo? Dime, cómo puede un pueblo admirar a un rey impuesto por un tirano. Qué puede esperar una princesa de un rey que se muestra miedoso y dubitativo ante el invasor…Tú eres la responsable de todo esto.

Cleófila   ¿Yo?

Taxilos   Sí, tú. Me has empujado a no combatir al lado de Poros y a buscar una paz que nadie quería. He firmado una paz que me ha convertido en un cobarde.

Cleófila   Has visto cómo la decisión de luchar era encaminarse a una muerte segura. ¡Has salvado a tu pueblo! ¿Eso te convierte en un cobarde?

TAXILOS   Estoy seguro que hasta el momento del combate, Asiana mantenía la duda. Si hubiera combatido me habría mostrado ante ella…

CLEÓFILA   Muerto, así te habrías mostrado ante la princesa.

TAXILOS   No puedo seguir viviendo así.

CLEÓFILA   Has presenciado la batalla más sangrienta de nuestra historia ¿Qué es lo que quieres? ¿Ir al campo de batalla a enfrentarte a Alejandro y así perder la vida por ella? Convéncete de que Asiana jamás llorará sobre tu tumba.

TAXILOS   Tengo que ganar el respeto de mi pueblo y la admiración de Asiana. Sólo seré digno de ser un gran rey si levanto mis armas.

CLEÓFILA   Pues entonces corre, Poros te está esperando vivo en la montaña. Ve con él a luchar contra Alejandro y haz que ella lo ame más todavía.

TAXILOS   ¿Cómo? ¿Poros, no ha muerto?

CLEÓFILA   ¡No! Alejandro aprovechó la huida de Poros para hacer crecer el rumor de que Poros había muerto. Huyó a las montañas.

TAXILOS   ¿Por qué no se me informó? ¿Por qué se me hizo creer lo contrario?

CLEÓFILA   Alejandro, quería ganar tiempo para que Asiana accediera al trono contigo.

TAXILOS   Pero Asiana también cree que Poros está muerto.

CLEÓFILA   De esa manera impedía que ella alentara a sus hombres. Alejandro quiere evitar más luchas contra los demás príncipes indios.

TAXILOS   Si tenía alguna posibilidad de conquistar su amor, con Poros vivo ahora será imposible… No queda otro remedio… Ha llegado el momento… Me enfrentaré a él y que la suerte decida…

CLEÓFILA   ¿Qué dices?

TAXILOS   Cleófila, voy a dejar el reino a tus órdenes, Confío en ti para que…

CLEÓFILA   Taxilos, mantén la calma.

TAXILOS   Sabrás reinar con…

CLEÓFILA   Taxilos escucha…

TAXILOS   No hay otra opción.

CLEÓFILA   Hermano…

TAXILOS   O mi honor o que todo muera.

CLEÓFILA   Estas perdiendo la cabeza.

TAXILOS   Nunca he estado más lúcido.

CLEÓFILA   ¡Taxilos!

TAXILOS   Hermana, mírame, ya no puede haber nada
                  que me detenga porque voy al encuentro con
                  mi destino.

Escena XV

Campo de batalla. EFESTIÓN, POROS y TAXILOS.

EFESTIÓN Teníamos rodeado a Poros y a sus hombres cuando apareció Taxilos. Estaba fuera de sí. Se arrojó contra nosotros. Su cuchillo cortaba las cabezas de nuestros guerreros y luchaba con tal ansia que parecía buscar su propia muerte. Intenté detenerlo, quise que nuestros soldados no lo golpearan, pero él insistía en atacar ferozmente. Parecía que quería llegar hasta mí para matarme. Pero yo no era su objetivo. Su objetivo era otro. Cuando llegó hasta nosotros, gritó que me apartara, que saliera de allí. Taxilos iba buscando a Poros. Cuando me retiré, se produjo un gran silencio. (TAXILOS y POROS *se miran.* TAXILOS *ataca a* POROS. *Luchan.*) Combatieron con fiereza. Se oía como sus espadas cortaban el aire. Taxilos, enloquecido, lanzaba su espada con tal fuerza que a Poros le era difícil de esquivar. En un último momento, Taxilos, lanzó un golpe sin éxito que Poros aprovechó. La espada de Poros se hundió en el corazón de Taxilos. Después de atravesar el corazón del príncipe, Poros soltó las armas y se entregó rendido al poder de Alejandro. Antes de cerrar sus

ojos, pude escuchar que Taxilos pronuncia-
ba un nombre: Asiana.

TAXILOS   Asiana.

Escena XVI
El aire.

En el palacio de TAXILOS. *Todos menos* TAXILOS.

ALEJANDRO   ¿Sigues temiendo a Poros después de su derrota?

CLEÓFILA   No sé, estoy intranquila.

ALEJANDRO   No podrá escapar.

CLEÓFILA   Poros volverá a empuñar las armas y estoy segura de que no irá solo.

ALEJANDRO   Lo tenemos cercado. Ahora ya no hay nada que temer de él.

CLEÓFILA   Precisamente, cuando está acorralado, Poros es de temer.

ALEJANDRO   Te olvidas de mi ejército y de mis propias fuerzas. Lo mejor será darle un escarmiento público para que sirva de ejemplo al resto del mundo. Volveré a vencerlo. Pero de otra manera. No quiero su muerte. Ha sido el más valiente de vuestros príncipes. Puedes estar tranquila.

CLEÓFILA   Mira quién se acerca.

ALEJANDRO   Espera, sé lo que voy a hacer. (*Entra* ASIA-
             NA.) Princesa, el cielo ha escuchado tus de-
             seos. Os voy a dar una buena noticia.

ASIANA   Habla.

ALEJANDRO   Poros vive.

ASIANA   ¿Qué?

ALEJANDRO   Si.

ASIANA   ¿Vivo? Estás mintiendo.

ALEJANDRO   Estaba escondido en una gruta de las mon-
             tañas. Mis hombres lo han encontrado. Di
             orden de que lo capturasen vivo y me lo tra-
             jeran aquí.

ASIANA   Poros quiso alcanzar la gloria combatiendo
             contra ti. Tú hiciste lo mismo, buscar tu glo-
             ria venciendo y humillando a los príncipes
             de la India.

ALEJANDRO   Su orgullo necesitará un castigo ejemplar. De
             momento, he decidido que sea Taxilos quien
             pueda darle muerte o salvarlo. Así que, si quie-
             res que viva, deberás convencer a Taxilos.
             (*Entra* EFESTIÓN *con* POROS.)

ASIANA   ¡Poros!

(ASIANA *intenta ir hacia* POROS, *pero* ALEJANDRO *la detiene.*)

ALEJANDRO   Se acabó el juego, príncipe Poros.

POROS   No me humillarás, Alejandro.

ALEJANDRO   ¿Cómo quieres que te trate?

POROS   Como lo que soy, un rey.

ALEJANDRO   ¿Y eso que significa para ti?

POROS   Quiero que me trates como a un rey en la derrota.

ALEJANDRO   ¿Qué quieres?

POROS   Que se cumpla mi destino y sirva mi muerte de ejemplo para los pueblos indios.

ALEJANDRO   Sin duda, eres un rey valiente. (*Silencio.*) No, Poros, no te voy a dar muerte. (*Silencio.*) Quiero ofrecerte una vez más el perdón que te ofrecí antes de la batalla. (*Silencio.*) ¿Qué? ¿Te has quedado mudo? ¿Deseas perder la vida y llevarte a la tumba la gloria de los héroes? Poros, no pagues tan cara una gloria tan inútil. No podrás verla desde el más allá. De nada te servirá la soberbia cuando cruces a la otra orilla. Vive y disfruta de la vida.

ASIANA   No los escuches, Poros, quieren sembrarte la duda para mostrarte ante nuestro reino como un traidor. Muere como un héroe.

ALEJANDRO   Te estoy dando la vida, Poros… Haz con ella lo que quieras. Eres libre.

POROS   ¿Libre?

ALEJANDRO   Sí… pero antes deberás cumplir una condición.

POROS   ¿Qué condición?

ALEJANDRO   Quiero que hagas posible la felicidad de Taxilos.

POROS   ¿De Taxilos?

ALEJANDRO   Sí, de Taxilos.

POROS   Siento que no podrá cobrarse tus favores.

CLEÓFILA   ¿Qué quieres decir?

ALEJANDRO   ¡Habla, Poros!

POROS   Taxilos Ha muerto por obstinarse en pelear conmigo cuando estaba luchando con tu general.

CLEÓFILA   ¡No! ¡No es cierto lo que dices¡ Taxilos, muerto, no! ¡No puede ser!

EFESTIÓN   Sí, dice la verdad, Taxilos ha muerto. Yo mismo le cerré los ojos.

CLEÓFILA   ¡Maldito! ¡Lo has asesinado!

EFESTIÓN   Poros lo mató en su defensa cuando se vio atacado por Taxilos.

POROS   Alejandro, véngate pronto o de lo contrario volveré a juntar un ejército y acabaré contigo. Te lo repetiré una vez más: te daré muerte cuando menos te lo esperes. ¿Quieres que te lo diga gritando para que me creas?

                (Silencio.)

CLEÓFILA   Alejandro.

                (OLIMPIA *aparece junto al caballo bucéfalo.)*

OLIMPIA   Los dioses te hicieron inteligente. Escucha tu corazón. Ofrece tu mano al rival y convierte al enemigo en tu amigo. Calma tu sed de venganza, olvida la provocación y sigue tu camino. Eres y serás el mejor estratega de la historia.

                (Silencio.)

CLEÓFILA   ¡Alejandro!

                (Silencio.)

ALEJANDRO   Rey Poros. Te devuelvo tus reinos. Quiero que reines hasta tu muerte y…

CLEÓFILA   ¿Qué dices? ¡Ha matado a mi hermano, te amenaza a ti y no solo no le vas a dar muerte, sino que además quieres recompensarlo! ¡Alejandro! ¡Es el asesino de mi hermano!

ALEJANDRO   Cleófila, déjame terminar. Os condeno a Poros y a ti, Asiana, a que reinéis vuestras tierras bajo mi dominio. Como súbditos míos y bajo la leyes de Macedonia. Esto ordeno y esto se cumplirá. De esta forma se venga Alejandro.

              (POROS y ASIANA *se arrodillan frente a* ALEJANDRO.)

ALEJANDRO   Cleófila, entiendo que te sorprenda mi decisión. Pero si me amas debes confiar en mí. No quiero más muertes en mi vida. Mi corazón no puede alojar más ira.

CLEÓFILA   El dolor por la muerte de mi hermano me impide ver tus razones.

ALEJANDRO   Mi corazón me pide vengar tu dolor y sembrar, de nuevo, el campo con miles de muertos. Pero tú misma, un día, pensarás que la venganza no es propia de mí. Llegarías a aborrecerme. Además, Poros descendería a la tumba como un héroe, como un vencedor entre los indios.

CLEÓFILA   Sí, lo convertirías en un héroe.

ALEJANDRO   Cleófila, no quiero más muertes. Deja reinar a Poros en sus reinos y reina tú en los tuyos, todos pendientes de mi amistad. Los pueblos del mundo nos darán la razón y la historia reconocerá mi justicia como rey de reyes. Construyamos ahora una soberbia tumba, convoquemos los más exquisitos funerales que hagan recordar a la humanidad la grandeza del rey Taxilos. Y tú y yo, Cleófila, proclamemos al mundo nuestro amor, un amor que cruza las fronteras. (*Se sube al caballo.*) Y vosotros, hombres de Alejandro, fiel ejército macedonio, prestadme atención… Sí, sé que he sido obstinado y os he llevado muy cerca de la muerte, pero hoy os anuncio que volvemos a casa. Construiremos una gran flota con la que, navegando por el Ganges, llegaremos en cuestión de semanas a nuestros hogares. Allí nos reuniremos con nuestros seres queridos y compartiremos con ellos nuestros tesoros y relatos de Asia. Ejército macedonio, os veréis respetados, ricos, seréis tratados por vuestras esposas e hijos como héroes y disfrutareis de una muerte tranquila, gozaremos de nuestra gloria hasta el final de los tiempos. Todos sabéis, como yo, que cuando los años transcurran y vuestras grandes victorias se desvanezcan, se recordará que el ejército macedonio nunca abandonó a su rey. Nuestra historia será contada por las generaciones vendieras…

y siempre, siempre, se recordará que conquistamos el universo. ¡Ven Cleófila, sube! ¡Vamos Bucéfalo, la historia nos espera!

(*Oscuro.*)

Final.

AF279617

¡Sssssshhhhhhhhhhh!

Haz del teatro algo íntimo

Llévalo siempre en el bolsillo

Cubierta y diseño editorial: Éride, Diseño Gráfico
Dirección editorial: ángel jiménez

Primera edición: octubre, 2024

Alejandro Magno

©Corrección de la traducción: Florián Recio
© VdB, 2024
Espronceda, 5
28003 Madrid

VdB

ISBN: 978-84-19850-70-6
Depósito Legal: M-23639-2024
Diseño y preimpresión: Éride, Diseño Gráfico

Alejandro Magno

Jean Racine
(La Ferté-Milon, 22/12/1639
París, 21/04/1699)

Poeta, dramaturgo e historiador francés. Considerado uno de los más grandes escritores del Gran Siglo francés, maestro del Clasicismo imperante en la Francia del siglo XVII, hoy día destaca, junto a Pierre Corneille y Molière, como uno de los mejores de la literatura universal. Racine fue principalmente un dramaturgo de obras trágicas, en las cuales destacan *Alejandro Magno*, *Fedra*, *Andrómaca* y *Atalía*, aunque también escribió una comedia, *Los Litigantes*, y una tragedia para niños llamada *Esther*.

Racine se encontraba más cómodo en las tragedias de tema griego y solo cultivaba los temas romanos para competir con Corneille, que tenía en esos asuntos su fuente de inspiración principal. La más corneliana de sus tragedias es precisamente una de las de tema romano, *Mitrídates* (1673). El éxito que consiguió en 1667 con la tragedia *Andrómaca* le proporcionó una gran reputación. Después de escribir una comedia, *Los Litigantes* en 1668, volvió a consagrarse ya definitivamente a la tragedia y compuso sucesivamente *Británico* (1669), *Berenice* (1670), *Bayaceto* (1672) e *Ifigenia* (1674).

Miembro de la Academia francesa desde 1673, fue nombrado historiógrafo del rey Luis XIV, lo que le hizo, junto al éxito de la que hoy se considera su mejor obra, *Fedra* (1677), renunciar al teatro para consagrarse por entero a sus funciones de cronista.

El teatro de Racine muestra el poder de la pasión sobre el alma humana como una fuerza fatal que destruye al que la posee, y escoge principalmente argumentos griegos para representarla.

Jean Racine

Alejandro Magno

Esta obra se estrenó el 12 de abril de 1665,
representada por la compañía de Molière

Personajes

ALEXANDRE   Rey de Macedonia
PORUS   Rey de la India
TAXILE   Rey de la India
AXIANE   Princesa de las indias
CLÉOFILE   Hermana de Taxile
EPHESTION   General macedonio

Espacio

La acción se desarrolla en las orillas del río Hidaspes,
en el campamento de Taxile.

Tiempo

Siglo IV. Antes de Cristo

Acto I

Escena I.
Taxile, Cléofile

CLÉOFILE

¿Qué? ¿Lucharás contra un rey cuyo poder
Parece obligar al cielo a salir en su defensa;
Bajo el que toda Asia vio caer a sus reyes,
Y quien tiene la fortuna sujeta a sus leyes?
Hermano mío, abre los ojos para conocer a Alexandre,   5
Mira los tronos reducidos a cenizas por todos lados,
Los pueblos esclavizados y los reyes encadenados,
Y prevenir los males que los provocaron.

TAXILE

¿Quieres ser golpeado por un miedo tan básico?
Presento mi cabeza al yugo que nos amenaza,   10
Y que oigo decir a los pueblos indios,
Que me forjé a mí mismo y a sus cadenas y a las mías?
¿Dejaré a Porus? ¿Traicionaré a estos príncipes
Que se afanan en liberar nuestras provincias,
Y quie, sin dudar en tan noble elección,   15
Sabrán del mismo modo vivir o morir como reyes?
¿Ves uno solo, que sin emprender nada
Se deja vencer por el solo nombre de Alexandre,
Y creyéndole ya dueño del universo,
Ir esclavo deseoso de pedirle grilletes?   20
Lejos de aterrorizarse al ver su gloria,
Lo atacarán incluso en medio de la victoria.

¿Y quieres, hermana mía, que Taxile hoy,
Listo para luchar contra él, implore su apoyo?

CLÉOFILE

Por eso este príncipe solo os habla a vosotros,   25
Por tu amistad Alexandre está ansioso;
Cuando el relámpago se enciende y se prepara para partir,
Él se esfuerza en secreto por protegerte.

TAXILE

¿Por qué soy el único al que le perdona su ira?
De todos aquellos a quienes Hidaspes opone a su
                                                    [valentía,   30
¿Solo yo merecía su indigna compasión?
¿No puede ofrecerle a Porus su amistad?
¡Ah! Sin duda él piensa que su alma es demasiado
                                                    [generosa.
Para escuchar alguna vez una oferta tan vergonzosa,
Busca una virtud que se le resista menos,   35
Y tal vez me crea más digno de su cuidado.

CLÉOFILE

Di, sin acusarlo de buscar un esclavo,
Que de sus enemigos cree que eres el más valiente,
Y que al arrebatar las armas de tu mano,
Además, se promete un cierto triunfo.   40
Su elección en tu nombre no deja manchas,
Su amistad no es propia de cobardes;
Aunque anhela ver el universo entero subyugado,
No vemos un esclavo entre sus amigos.
¡Ah! Si su amistad puede manchar tu gloria,   45
¿Por qué no me ahorras una mancha tan negra?
Sabes los cuidados que me brinda todos los días,

Depende de ti detener su curso.
Me ves aquí dueña de su alma,
Cien mensajes secretos me aseguran su llama,   50
Para venir a mí con sus suspiros de fuego
Emergiendo de dos campos opuestos.
En lugar de odiarlo, en lugar de obligarme a hacerlo,
Te vi quejándote de mi excesivo rigor.
Me instaste a sufrir su amor,   55
Y tal vez, hermano mío, amarlo a su vez.

TAXILE
Puedes, sin sonrojarte ante el poder de tus encantos,
Obligar a este gran guerrero a entregar sus armas,
Y sin que tu corazón tenga que alarmarse,
El conquistador del Éufrates pudo desarmaros.   60
Pero el Estado hoy seguirá mi destino,
Mantengo su fortuna encadenada a mi destino,
Y aunque tus consejos intentan influir en mí,
Debo permanecer libre para poder liberarlo.
Conozco la preocupación que os deja este plan;   65
Pero al igual que tú, hermana mía, tengo mi amor
                              a quien seguir.
Los hermosos ojos de Axiane, enemigos de la paz,
Contra tu Alexandre arma todas sus atracciones.
Reina de todos los corazones, todo lo pone en armas,
Por esta libertad que sus encantos destruyen,   70
Se sonroja ante los hierros que traen a estos lugares,
Y los únicos tiranos que se pueden tolerar son sus ojos.
Debemos servir, hermana mía, a su ilustre ira.
Hay que ir...

CLÉOFILE
¡Pues piérdete para complacerlo!

Sigue la sentencia fatal de estos queridos tiranos,   75
Sírvelos, o más bien sirve a tu rival.
Con tus propios laureles déjalo coronar,
Lucha por Porus, ordena Axiane;
Y por hermosas hazañas, apoyando su rigor,
Asegura a Porus el dominio de su corazón.   80

Taxile
¡Ah! Hermana mía, ¿crees que Porus...?

Cléofile
Pero tú mismo,
¿Dudas realmente de que Axiane lo ame?
Qué, ¿no ves con qué calidez
La persona ingrata incluso hace alarde de su valor
                                        [ante tus ojos?
Por muy valientes que seamos, si queremos creerlo,   85
Solo a su alrededor vuela la victoria;
Sin él formarías diseños inútiles,
La libertad de la India está en sus manos.
Sin él nuestros muros ya estarían reducidos a cenizas,
Solo él puede detener el progreso de Alexandre: 90
Ella hace de este príncipe azul un dios,
¿Y todavía dudas de que ella sea un amante?

Taxile
Intenté dudarlo, cruel Cléofile.
¡Pobre de mí! En su error confirma Taxile.
¿Por qué le pintas este objeto odioso?   95
En cambio, ayúdalo a negar sus ojos.
Dile que Axiane es una belleza orgullosa.

Como ella es con todos los mortales como lo es
                              [con tu hermano.
Halagar con algo de esperanza...

CLÉOFILE
Espero, estoy de acuerdo:
Pero ya no espero nada de tu impotente cuidado.   100
¿Por qué en las batallas buscar una conquista?
¿Qué está preparando Alexandre para entregarte
                              [él mismo?
No es contra él contra quien debemos argumentar,
Porus es el enemigo que pretende quitártelo.
Para alabar solo a él, la fama injusta   105
Parece olvidar los nombres del resto del ejército:
Hagamos lo que hagamos, solo él nos quita todo
                              [el brillo,
Y al igual que sus súbditos, te lleva a la batalla.
¡Ah! Si este nombre te agrada, si buscas serlo,
Los griegos y los persas os enseñan un maestro.   110
Encontrarás cien reyes compañeros de tus cadenas,
Porus llegará allí incluso con todo el universo.
Pero Alexandre finalmente no te encadena;
Él deja estas marcas soberanas en tu frente,
Que un rival orgulloso aquí se atreva a desdeñar.   115
Porus te hace servir, te hará reinar.
En lugar de Porus tú eres la víctima,
Lo serás... Pero aquí está este magnánimo rival.

TAXILE
¡Ah! Hermana mía, estoy turbado y mi corazón
                              [alarmado,
Al ver a mi rival, me dice que es amado.   120

Cléofile
El tiempo se acaba. Adiós. Depende de ti rendirte
El esclavo de Porus o el amigo de Alexandre.

Escena II.
Porus, Taxile.

PORUS

Señor, o me equivoco, o nuestros orgullosos enemigos,
Progresará menos de lo que prometió.
Nuestros líderes y nuestros soldados arden de
[impaciencia,   125
Que se lea en sus frentes una seguridad varonil;
Se animan unos a otros, y nuestros menos guerreros
Ya hay promesas de cosechas de laurel.
Vi este ardor extenderse de rango en rango,
Con generosos gritos estallando ante mi vista: 130
Se quejan de que en lugar de poner a prueba sus
[grandes corazones,
La ociosidad de un campamento consume su vigor.
¿Dejaremos que tanto coraje ilustre languidezca?
Nuestro enemigo, Señor, busca sus ventajas:
Se siente débil otra vez, y para detenernos   135
Ephestion pide hablar con nosotros.
Y con discursos vanos...

TAXILE

Señor, tienes que escucharlo,
Todavía no sabemos qué quiere Alexander.
Quizás sea la paz lo que quiere presentarnos.

PORUS

¡Paz! ¡De su mano! ¿Podrías aceptarlo?   140

¿Cómo? Lo habremos visto a través de tantas
[guerras horribles,
Perturba la feliz calma que disfrutan nuestras tierras,
Y espada en mano entra en nuestros Estados,
¿Atacar a reyes que no lo ofendieron?
Le hemos visto saquear provincias enteras,   145
La sangre de nuestros súbditos hace crecer nuestros ríos,
Y cuando el cielo esté a punto de abandonarlo,
¿Esperaré a que un tirano nos perdone?

Taxile
No digas, Señor, que el cielo lo abandona.
Con siempre igual cuidado lo rodea su favor: 150
Un rey que hace temblar a tantos estados bajo sus leyes,
No es un enemigo que los reyes desprecien.

Porus
Lejos de despreciarlo, admiro su coraje,
Rindo un legítimo homenaje a su valor.
Pero yo a mi vez quiero merecer los homenajes   155
Lo cual me siento obligado a retribuir por sus virtudes.
Sí, estoy de acuerdo en que Alexandre sea elevado al cielo;
Pero si puedo, Señor, lo derribaré,
Y lo atacaré hasta en los altares.
Que los demás mortales le hagan frente temblando.   160
Así estimó Alexandre a todos estos príncipes,
Cuyo valor sin embargo conquistó las provincias.
Si su corazón en Asia hubiera mostrado algún miedo,
¿Darío lo habría visto como su rey cuando muriera?

Taxile
Señor, si Darío se hubiera conocido a sí mismo,   165
Él seguirá reinando donde reina otro maestro.

Sin embargo, este orgullo que causó su muerte,
Tenía una base que tu desprecio no tiene.
El valor de Alexandre apenas era conocido,
Este relámpago todavía estaba encerrado en las nubes.170
En profunda calma Darío dormido
Ignoró incluso el nombre de un enemigo tan débil.
Pronto lo conoció, y su alma atónita
Se vio abandonada de todo ese gran poder;
Se vio derribado por un brazo victorioso,   175
Y la caída del rayo le hizo abrir los ojos.

PORUS

Pero aún así, ¿qué precio crees que Alexandre
Pone a la paz indigna con la que quiere sorprenderte?
Pregúntalo, Señor, de cien pueblos diversos,
A quien esta paz engañosa ha encadenado.   180
No, no nos engañemos, su gentileza nos indigna.
Su amistad arrastra siempre una larga esclavitud:
En vano se pretendería obedecer solo a medias;
Si uno no es su esclavo, es su enemigo.

TAXILE

Señor, sin ser cobarde ni temerario,   185
Con algún vano homenaje podemos satisfacerlo.
Halaguemos con respeto a este príncipe ambicioso,
Que su ardiente orgullo llame a otros lugares.
Es un torrente que pasa y cuya violencia
Sobre todo lo que lo detiene ejerce su poder;   190
Que surgió de los escombros de cien pueblos diversos,
Quiere que el sonido de su curso llene todo el universo.
¿De qué sirve irritarlo con un orgullo salvaje?
Con una acogida favorable honremos su paso,

Y dándole derechos que recuperaremos,   195
Démosle deberes que no nos cuesten nada.

PORUS

¿Que no nos cuesten nada, Señor? ¿Te atreves a creerlo?
¿Contaré por nada la pérdida de mi gloria?
Tu imperio y el mío serían comprados,
Si a Porus costaran la más mínima cobardía.   200
¿Pero creéis que un príncipe engreído con tanta
                                        [audacia,
No dejará rastro alguno de su paso por aquí?
¿Cuántos reyes rotos ante este peligro fatal?
¿Ya no reina tanto como le place a su orgullo?
Nuestras coronas se convirtieron primero en sus
                                        [conquistas,   205
Mientras reinemos, flotaremos sobre nuestras cabezas,
Y nuestros cetros presa de su más mínimo desdén,
Tan pronto como hablara, caerían de nuestras manos.
No digáis que corre de provincia en provincia,
Nunca libera a un príncipe de sus ataduras,   210
Y para esclavizar mejor al pueblo bajo sus leyes,
Muchas veces en el polvo busca reyes para ellos.
Pero estas preocupaciones indignas poco afectan
                                        [mi coraje,
Tu único interés me inspira con este lenguaje;
Porus no tiene parte en toda esta conversación,   215
Y cuando la gloria habla ya no escucha.

TAXILE

Como tú, escucho lo que me inspira el honor,
Señor, pero él me insta a salvar mi imperio.

PORUS
Si quieres salvarlos a ambos hoy,
Advirtamos a Alexandre y marchemos contra él.   220

TAXILE
La audacia y el desprecio son guías infieles.

PORUS
La vergüenza sigue de cerca al coraje tímido.

TAXILE
El pueblo ama a los reyes que saben perdonarlos.

PORUS
Estima aún más a quienes saben reinar.

TAXILE
Este consejo solo agradará a las almas altivas.   225

PORUS
Agradará a los reyes y quizás a las reinas.

TAXILE
La reina, para oírte oír, solo tiene ojos para ti.

PORUS
Un esclavo es objeto de ira para ella.

TAXILE
¿Pero crees, Señor, que el amor te manda?
¿Para exponer contigo a su pueblo y a su persona?   230

No, no, sin hacerte ilusiones, admite que en este día
Sigues tu odio, no tu amor.

Porus
¡Bien! Admito que mi justa ira
Ama la guerra tanto como amas la paz.
Admito que ardiendo con un calor noble,   235
Voy contra Alexander para probar mi valía.
El ruido de sus hazañas me molesta en el alma.
Llevo mucho tiempo esperando este feliz día.
Antes de que me buscara, un orgullo inquieto
Ya me había convertido en su enemigo secreto.   240
En el noble transporte de estos celos,
Me resultó demasiado lento cruzar Asia.
Lo atraje aquí con deseos tan poderosos,
Que tenía envidia de la felicidad de los persas.
Y aún ahora si burla mi coraje,   245
Para salir de estos lugares, si busca un pasaje,
Me verías armado para detenerlo,
Negarle la paz que quiere ofrecernos.

Taxile
Sí, sin duda, un ardor tan alto y constante.
te promete un lugar brillante en la historia;   250
Y bajo este gran diseño, si sucumbes,
Al menos es con ruido que te veremos caer.
La reina viene. Adiós. Alégrate de tu celo,
Descubre este orgullo que te hace digno de ella.
Por mi parte, perturbaría tan noble conversación,   255
Y vuestros corazones se sonrojarían por las
                              [debilidades del mío.

Escena III.
Porus, Axiane.

Axiane

¿Qué, Taxile está huyendo de mí? ¿Qué causa
[desconocida...?

Porus

Bien hace en ocultar de vosotros su vergüenza,
Y como ya no se atreve a exponerse al azar,
¿Con qué frente podría encontrar tu mirada?   260
Pero dejémoslo, Señora, y como se quiere rendir,
Que vaya con su hermana a adorar a Alexandre.
Retirémonos de un campamento, donde el incienso
[en la mano
El fiel Taxile espera a su soberano.

Axiane

Pero, Señor, ¿qué dice?   265

Porus

Muestra demasiado.
Este esclavo ya me desafía a alabar a su amo,
Quiere que le sirva...

Axiane

¡Ah! Sin dejarse llevar,
Que mis esfuerzos intenten detenerlo.
Sus suspiros, a mi pesar, me aseguran que me adora.
Pase lo que pase, permíteme volver a hablar con él,   270

Y no lo obliguemos con este cruel desprecio,
Para completar un diseño que quizás no tenía.

Porus
Qué, ¿lo dudas? ¿Y tu alma asegura
Sobre la fe de un amante infiel y perjuro,
Que hoy quiere entregaros a su tirano,   275
Y cree, dandoos, recibiros de él?
¡Pues bien, entonces ayúdalo a que te traicione.
Él puede arrancaros de mi extremado amor;
Pero no puede llevarse con sus celosos esfuerzos,
La gloria de luchar y morir por ti.   280

Axiane
Y crees que después de tanta insolencia,
Mi amistad, Señor, ¿sería su recompensa?
Crees que mi corazón está comprometido bajo su ley,
¿Me suscribiría a la donación que le haría mi parte?
¿Puedes, sin sonrojarte, acusarme de tal crimen?   285
¿He mostrado tanta estima por este príncipe?
Entre Taxile y tú, si fuera necesario pronunciarse,
Señor, ¿crees que alguien me vería dudar?
¿No sé que Taxile es un alma insegura?
¿Que el amor lo frena cuando el miedo lo embarga?   290
¿Ignoro que sin mí su tímido valor
Sucumbiría pronto a los trucos de su hermana?
Sabes que Alexandre la hizo prisionera,
Y finalmente esta hermana regresó con su hermano,
Pero pronto supe que ella había emprendido   295
Para detenerlo en la trampa donde quedó atrapado
                                        [su corazón.

PORUS

¿Y todavía puedes quedarte con ella?
¿Por qué no abandonas a esta hermana criminal?
¿Por qué quieres ahorrar tanto?
Un príncipe...   300

AXIANE

                    Es por ti que quiero ganar.
¿Te veré cargado con el cuidado de nuestras provincias?
¿Atacar solo a un rey que ha conquistado a tantos
                                        [príncipes?
Quiero que en Taxile ofrezcas un defensor,
Que lucha contra Alexandre a pesar de su hermana.
¿Por qué no tienes este ferviente ardor por mí?   305
Pero de tan común cuidado tu alma apenas sufre daño;
Con tal que este gran corazón perezca noblemente,
Lo que siguió a su muerte le afectó débilmente.
¿Quieres entregarme sin ayuda, sin asilo,
A la ira de Alexandre, al amor de Taxile,   310
Quien pronto me tratará como un soberbio vencedor?
Como precio de tu muerte mi corazón exigirá.
Bueno, Señor, vamos. Satisface tu deseo,
Lucha, olvídate del cuidado de tu vida.
Olvida que el cielo es favorable a tus deseos   315
Quizás estés preparando un destino bastante feliz.
Quizás Axiane, a su vez, encantada,
Iba... Pero no, Señor, corre hacia tu ejército.
Una entrevista tan larga te resultaría aburrida.
Y eso os mantiene demasiado tiempo en estos
                                        [lugares.   320

Porus

¡Ah! Señora, deténgase y conozca mi llama,
Ordena mis días, dispone de mi alma,
La gloria puede mucho, no lo escondo,
¡Pero por qué tantas atracciones divinas no pueden
                                     [hacerlo!

No te diré que para derrotar a Alexandre   325
Tus soldados y los míos vayan a acometer cualquier cosa,
Que sea una felicidad incomparable para Porus,
Triunfar en solitario ante los ojos de su rival.
Ya no te digo nada. Habla como soberano.
Mi corazón pone a vuestros pies su gloria y su odio.   330

Axiane

No temas nada: este corazón que quiere obedecerme,
No está en manos que puedan traicionarlo.
No, no pretendo tener celos de su gloria,
Detén a un héroe que corre hacia la victoria.
Contra un enemigo orgulloso apresura tus pasos,   335
Pero no te separes de tus aliados.
Cuídalos, Señor, y con el alma tranquila.
Deja que mi cuidado actúe sobre la mente de Taxile;
Muestra sentimientos más dulces a su favor,
Lo contrataré para que luche por ti.   340

Porus

¡Y bien!, Señora, vamos, estoy de acuerdo.
Veamos a Ephestion, ya que tenemos que verlo.
Pero sin perder la esperanza de seguirlo de cerca,
Estoy esperando a Ephestion y la pelea posterior.

Acto II
Escena I.
Cleófile, Éphestion.

Éphestion

Sí, mientras tus reyes deliberan juntos,   345
Y todo se prepare para el consejo que se reúne,
Señora, permítame hablar contigo también.
Razones secretas que me traen hasta aquí.
Fiel confidente del hermoso fuego de mi amo,
Permíteme explicárselo a los ojos que lo parieron,   350
Y que por este héroe me atrevo a preguntarte
El resto que esté dispuesto a conceder a vuestros reyes.
Después de tantos suspiros, ¿qué debería esperar?
¿Sigues esperando la confesión de un hermano?
¿Quieres que su corazón incierto y confuso,   355
¿Nunca te entregas sin temer tus rechazos?
¿Deberíamos poner el resto de la tierra a tus pies?
¿Deberíamos dar paz? ¿Deberíamos ir a la guerra?
Pronunciaros. Alexandre está listo para correr allí,
O para merecerte o para conquistarte.   360

Cléofile

¿Puedo creer que un príncipe, en el apogeo de la gloria,
Aún recuerde mis débiles atractivos?
¿Que arrastrando tras él la victoria y el terror
Pueda agacharse a suspirar por mí?
Cautivos como él pronto rompen sus cadenas,   365
A designios más elevados los conduce la gloria,
Y el amor en sus corazones interrumpido, perturbado,

Bajo el peso de los laureles pronto se ve abrumado.
Mientras este héroe me mantuvo prisionero,
Pude tocar su corazón con un ligero toque;   370
Pero pienso, Señor, que al romper mis ataduras,
Alexandre, a su vez, pronto rompió el suyo.

ÉPHESTION
¡Ah! Si lo hubieras visto arder de impaciencia,
Contando los días tristes de tan larga ausencia,
Sabrías que el amor acelera sus pasos,   375
Solo te buscaba mientras corría hacia el combate.
Es por ti que lo vimos vencedor de tantos príncipes,
Con rumbo impetuoso recorre tus provincias.
Y romper al pasar bajo el esfuerzo de sus golpes,
Todo lo que le impidió acercarse a ti.   380
Vemos tus banderas y las nuestras en el mismo campo,
Desde sus trincheras descubre las tuyas,
Pero después de tantas hazañas, este tímido ganador,
Teme que todavía esté lejos de tu corazón.
¿De qué le sirve correr de país en país,   385
Si es necesario que con este corazón le cierres la entrada?
Si no responde a deseos sinceros,
¿Intentas dudar de tu fuego todos los días?
Si tu mente está armada de mil desconfianzas...

CLÉOFILE
¡Ay! Tales sospechas son defensas débiles,   390
Y nuestros corazones formando mil cuidados superfluos,
Dudan siempre del bien que más desean.
Sí, ya que este héroe quiere que abra mi alma,
Escucho con placer la historia de su llama;
Temí que el tiempo hubiera limitado su curso,   395
Ojalá me amara y me amara siempre.

Yo digo más. Cuando su brazo forzó nuestra frontera,
Y dentro de los muros de Onfis me retuvo prisionero,
Mi corazón que lo veía como amo del universo,
Ya se consolaba de languidecer en sus cadenas;   400
Y lejos de murmurar contra tan duro destino,
Se ha acostumbrado a ello, lo admito.
Y de su libertad perdiendo el recuerdo,
Incluso cuando lo pedí, temía recibirlo.
Juzgad si su regreso debe llenarme de alegría.   405
Pero cubierto de sangre, ¿quiere que lo vea?
¿Es como un enemigo que viene a presentarse?
¿Y solo me busca para atormentarme?

ÉPHESTION

No señora, vencido por el poder de tus encantos,
Hoy suspende el terror de sus armas.   410
Presenta la paz a los reyes cegados,
Y retirar la mano que los hubiera abrumado.
Teme que la victoria para sus deseos sea demasiado fácil,
No metas sus golpes en el seno de Taxile;
Su coraje sensible a tus justos dolores,   415
No quiere laureles regados por tus lágrimas.
Promover el cuidado donde le involucra su amor,
Exime su valor de tan triste ventaja,
Y disponer de los reyes que su ira perdona,
Para recibir un bien que solo a ti te deben.   420

CLÉOFILE

No lo dudes, señor, mi alma atribulada
se agita constantemente por temor tan justo.
Tiemblo por mi hermano y temo que su muerte,
Manche de sangre el brazo de un enemigo tan querido.
Pero en vano me opongo al ardor que lo inflama,   425

Axiane y Porus tiranizan su alma;
Los encantos de una reina y el ejemplo de un rey,
En cuanto quiero hablar, se levantan contra mí.
¿Qué no tengo que temer en este desorden extremo?
Temo por él, temo por el propio Alexandre.   430
Sé que al atacarlo se perdieron cien reyes,
Conozco todas sus hazañas; pero conozco a Porus.
Nuestros pueblos que se vieron triunfantes a su paso,
Rechaza los esfuerzos de los persas y los escitas,
Y muy orgullosos de los laureles con que los ha
                                        [cargado,   435
Vencerá siguiendo su ejemplo, o perecerá vengado.
Y tengo miedo...

ÉPHESTION

                ¡Ah! Deja ese miedo tan vano,
Que Porus corra hacia donde le lleve su desgracia;
Que la India arme a todos sus Estados a su favor,
Y deja que Taxile aparte sus pasos.   440
Pero aquí están.

CLÉOFILE

Señor, termina tu obra.
Por tu sabio consejo disipa esta tormenta.
O si debe estallar, al menos recuerda
Hacer que recaiga sobre otros y no sobre nosotros.

Escena II.
Porus, Taxile, Éphestion.

ÉPHESTION

Ante el combate que amenaza vuestras cabezas,   445
Coloca todos tus Estados entre nuestras conquistas,
Alexandre está dispuesto a posponer sus hazañas,
Y darte la paz por última vez.
Vuestros pueblos advertidos por la esperanza que
                              [concebís,
Pretendió arrestar al conquistador del Éufrates;   450
Pero Hidaspes, a pesar de tantos escuadrones dispersos,
Por fin ve nuestros estándares volar sobre sus orillas.
Los verías plantados hasta en tus trincheras,
Y tu campo está sembrado de sangre y muerte,
Si este héroe se cubrió con tantos otros laureles,   455
¿No habría detenido él mismo el ardor de nuestros
                              [guerreros?
No viene aquí manchado con la sangre de los príncipes,
Con un triunfo bárbaro asustad vuestras provincias;
Y buscando brillar con triste esplendor,
Sobre la tumba de los reyes se alza su grandeza.   460
Pero vosotros mismos, engañados por una vana
                              [esperanza de gloria,
No vayas a irritar a la Victoria en sus brazos;
Y cuando su ira permanezca suspendida,
Príncipes, contentaos con haberle esperado.
No tardes en rendirle homenaje,   465
Que vuestros corazones, a pesar de vosotros,
                              [vuelvan a su coraje,

Y recibiendo el apoyo que su brazo te ofrece,
Honren a sus Estados con tan gran defensor.
Esto es lo que un gran rey quiere que escuches,
Dispuesto para dejar la espada, y listo para volver
[a tomarla.   470
Conoces su propósito. Elige hoy,
Si quieres perderlo todo o ocultárselo todo.

Taxile

Señor, no creas que el orgullo bárbaro
Nos hace malinterpretar una virtud tan rara,
Y que nuestros pueblos se fortalezcan en su orgullo,   475
Fingiendo ser tus enemigos, a pesar de ti mismo.
Pagamos lo que debemos a ejemplos ilustres,
Adoráis a dioses que nos deben sus templos.
Héroes que entre vosotros pasaban por mortales,
Al llegar hasta nosotros, han encontrado altares.   480
Pero en vano se afirma entre pueblos tan valientes,
En lugar de adoradores, haz esclavos,
Créeme, cualquier brillo que pueda tocarlos,
Rechazan el incienso que queremos arrebatarles.
Bastantes otros estados se han convertido en
[tus conquistas,   485
Sus cabezas están inclinadas bajo el yugo de sus reyes.
Después de todos estos Estados que Alexandre sometió,
¿No es hora, Señor, de que busque amigos?
Todo este pueblo cautivo, que tiembla en nombre
[de un amo,
Apoya mal un poder que apenas está naciendo.   490
Para liberarse siempre tienen los ojos abiertos.
Tu imperio está lleno de nada más que enemigos
[encubiertos.
Lloran en secreto a sus reyes sin tiaras.

Tus grilletes demasiado extendidos se aflojan;
Y ya en nuestros corazones los escitas amotinados,   495
Vamos a salir de la cadena, donde nos pretendes.
Inténtalo, tomando nuestra amistad como prenda,
¿Qué puede hacer una fe que ningún juramento obligue;
Dejar al menos una persona que a veces pueda
Aplaudir sin freno al ruido de tus hazañas.   500
A este precio recibo la amistad de Alexandre.
Y ya lo estoy esperando, como un rey debe esperar.
Un héroe cuya gloria acompaña sus pasos,
Que todo lo puede sobre mi corazón, y nada sobre

                         [mis estados.

PORUS

Creí, cuando Hidaspes reunió a todos sus príncipes   505
En ayuda de las fronteras de sus provincias,
Que conmigo, en tan grandes designios,
Solo había comprometidos a reyes enemigos de tiranos.
Pero como un rey lisonjea la mano que nos amenaza,
Entre sus aliados busca un lugar indigno,   510
Me corresponde a mí responder a los deseos de mi país,
Y hablar en nombre de aquellos a quienes Taxile traicionó.
¿Qué busca aquí el rey que os envió?
¿Cuál es esa gran ayuda que nos concede su brazo?
¿Desde qué frente se atreve a tomar bajo su apoyo   515
A pueblos que no tienen otro enemigo más que él?
Antes de que su furia asolara a todos,
La India descansaba en profunda paz;
Y si algunos vecinos molestaban su tranquilidad,
Tenía en su seno bastante buenos defensores.   520
¿Por qué atacarnos? ¿Por qué barbaridad?
¿Qué barbarie ha desatado la furia de tu amo?
¿Vemos alguna vez a nuestro pueblo enojado contra él

Desolando un país desconocido entre nosotros?
Tantos Estados, desiertos, ríos,   525
¿Son barreras impotentes entre nosotros y él?
¿Y no podríamos vivir en el confin del universo
¿Sin saber su nombre y el peso de sus grillos?
Qué valor tan extraño, que solo busca hacer daño,
Prende fuego a todo, en cuanto empieza a brillar,   530
Quien solo tiene su orgullo por gobierno y razón,
¿Quién quiere que el universo no sea más que una
                                        [prisión?
Y ese amo absoluto de tantos como seamos,
Sus esclavos son iguales en número a todos los hombres.
No más estados, no más reyes. Sus manos sacrílegas   535
Bajo el mismo yugo estamos colocados todos los
                                        [humanos.
En su orgullo codicioso sé que nos devora.
De tantos soberanos, solo nosotros reinamos todavía.
¿Pero qué digo nosotros solos? Solo quedo yo,
Donde todavía descubrimos los restos de un rey.   540
Pero es causa ilustre para mi valentía.
Veo con ojos felices temblar toda la tierra,
Para que solo yo pueda ayudar a los mortales,
Si son libres, que lo sean de la mano de Porus,
Y que se diga en todas partes con profunda paz: 545
«Alexandre, victorioso, habría sometido a todos,
Pero un rey lo esperaba en el fin del universo,
Por quien el mundo entero vio rotas sus cadenas».

ÉPHESTION

Su proyecto al menos nos muestra una gran valentía.
Pero, Señor, es muy tarde para resistir la tormenta.   550
Si al mundo inclinado no le queda más que este apoyo,
Lo compadezco y tú te compadeces tanto como él.

No te estoy deteniendo. Marcha contra mi amo,
Solo desearía que alguien te lo hubiera hecho saber,
Y esa fama la hubiera querido por piedad   555
Al menos contarte la mitad de sus hazañas.
Tú verías...

PORUS

      ¿Qué vería? ¿Y qué podría aprender?
¿Quién me rebaja tanto por debajo de Alexandre?
¿Podría ser que sin esfuerzo los persas subyugaran,
¿Y tus brazos están tan cansados de matar?   560
¡Qué gloria en verdad superar la debilidad!
De un rey ya derrotado por su propia debilidad,
De un pueblo sin vigor y casi inanimado,
Que gimió bajo el oro con el que estaba armado,
¿Y quién cayendo en medio de la multitud, en
                              [lugar de defenderse,   565
Solo los muertos se opusieron al gran corazón
                              [de Alexandre?
Los demás, deslumbrados por sus más mínimas hazañas,
Se arrodillaron para pedirle leyes,
Y su miedo escuchando no sé qué oráculos,
No creían que un dios pudiera encontrar obstáculos. 570
Pero nosotros, que con otros ojos juzgamos a los
                              [vencedores,
Sabemos que los dioses no son tiranos;
Y como lo llame un esclavo,
El hijo de Júpiter aquí pasa por un hombre.
No perfumaremos con flores su camino,   575
Nos encuentra en todas partes con armas en la mano.
Ve sus conquistas detenidas a cada paso.
Una sola piedra aquí le cuesta más cabezas,
Más curación, más ataques y casi no más tiempo.

¿Cuánto le cuesta el imperio de los persas a su brazo? 580
Enemigos del resto que perdieron a estas personas
[infames,
El oro que nace bajo nuestros pies no corrompe
[nuestra alma.
La gloria es el único bien que nos puede tentar,
Y el único que mi corazón busca disputar con él.
Es ella...   585

ÉPHESTION   (*Levantándose.*)
Y esto es también lo que busca Alexandre.
A objetos menores su corazón no puede descender.
Esto es lo que le arranca del seno de sus Estados,
Al trono de Ciro llevó sus pasos,
Y desde el imperio más firme sacudiendo las columnas,
Ataca, conquista y entrega las coronas.   590
Y ya que tu orgullo se atreve a discutir con él
La gloria del perdón que él os hace presente,
Tus ojos hoy son testigos de su victoria,
Veremos lo duro que lucha por la gloria.
Pronto, hierro en mano, lo verás caminar.   595

PORUS
Vamos, lo espero o iré a buscarlo.

Escena III.
Porus, Taxile.

Taxile
Lo que quieras según tu impaciencia...

Porus
No, no tengo la intención de perturbar su alianza.
Ephestion se enfureció solo contra mí,
de tu sumisión informará a su rey.   600
Las tropas de Axiane me seguirán comprometidas.
Espera el combate bajo las filas de mis banderas:
Desde su trono y el mío sostendré el resplandor,
Y tú serás, Señor, el juez de la batalla.
A menos que tu corazón esté animado por un
                                        [poderoso celo   605
De tus nuevos amigos no aceptes el combate.

Escena IV.
Axiane, Porus, Taxile.

Axiane   (*A* Taxile.)
¡Ah! ¿Qué dicen de ti, Señor? Nuestros enemigos
Alardean de que Taxile está medio sumetido,
Que no marchará contra un rey al que respeta.

Taxile
La fe de un enemigo debe ser un poco sospechosa,   610
Señora, con el tiempo me conocerán mejor.

Axiane
Por tanto, niega, Señor, este ruido insultante,
Confunde la insolencia de quienes la sembraron.
Ve como Porus para obligarlos a guardar silencio,
Y hazles sentir con justa ira,   615
Que no tienen enemigo más fatal que tú.

Taxile
Señora, voy a organizar mi ejército.
Escucha menos este ruido que te alarma.
Porus cumple con su deber y yo cumpliré con el mío.

Escena V.
Axiane, Porus.

AXIANE
Esta oscura frialdad no me dice nada, sin embargo,   620
Cobarde, y no está ahí para hacérmelo creer,
El acercamiento de un rey que corre hacia la victoria.
Ya no hay ninguna duda al respecto. Y somos
                                    [traicionados.
Sacrifica su gloria y su patria a su hermana,
Y su odio, Señor, que busca derribarte   625
Espera a estallar hasta que vayas a pelear.

PORUS
Señora, al perderlo pierdo un apoyo débil,
Lo conocía demasiado bien para estar seguro de él.
Mis ojos, sin turbarse, vieron su inconstancia.
Temía mucho más su débil resistencia.   630
Un traidor que nos deja para complacer a su hermana,
Nos debilita mucho menos que un defensor cobarde.

AXIANE
Y sin embargo, Señor, ¿qué vas a hacer?
Marchas sin contar las fuerzas de Alexandre.
Y corriendo casi solo para recibir sus golpes,   635
Contra tantos enemigos solo te opones a ti mismo.

PORUS
¿Y que? ¿Te gustaría que, como un traidor,
Mi miedo conspirara para darte un señor?

Que Porus en el campo se dejó arrestar,
Y rechazar el combate que acaba de presentar?   640
No, no, no lo creo. Lo sé mejor, señora,
El hermoso fuego que la gloria enciende en tu alma.
Recuerdo que eres tú cuyos poderosos encantos
Excitó a todos nuestros reyes, los arrastró a la batalla,
Y cuyo orgullo se niega a rendirse   645
Solo quería a un conquistador de Alexandre
                              [como amante.
Hay que conquistar, y yo corro hacia allá, y mucho
          [menos para evitar
El título de cautivo, solo para merecerlo.
Sí, señora, voy en el ardor que me embarga
Victorioso o muertos a merecer tu cadena.   650
Y ya que mis suspiros fueron explicados en vano
A este corazón que solo ocupa la gloria,
Me voy con el brillo que da una victoria
Aune la gloria a mi persona,
Y que tal vez pueda traer tu corazón,   655
Del amor a la gloria al amor del vencedor.

Axiane

Bien, Señor, vete. Taxile tal vez tenga
Súbditos en su campo más valientes que su amo.
Voy a animaros con un último esfuerzo.
Después en tu campamento esperaré tu destino.   660
No inquiráis por el estado de mi alma.
Triunfa y vive.

Porus

¿Qué está esperando, Señora?
¿Por qué ahora no puedo saberlo
Si mis suspiros tristes pudieran conmoverte?

Quizás el destino, adorable Axiane,   665
Pueda condenarme a no volver a verte.
¿Quieres que al morir, un príncipe infortunado
Ignore a qué gloria estaba destinado?
Hablar.

AXIANE

    ¿Qué te diré?

PORUS

       Ah, divina Princesa,
Si alguna feliz debilidad sentiste por mí,   670
Este corazón que me promete tanta estima en este día.
Todavía podría prometerme un poco de amor.
¿De tantos suspiros podrá defenderse bien?
Puede él...

AXIANE

      Ve, Señor, marcha contra Alexandre.
La victoria es tuya, si este famoso ganador   675
No se defiende de ti mejor que mi corazón.

Acto III
Escena I.
Axiane, Cléofile.

AXIANE
¿Qué señora, en estos lugares me tienen encerrada?
¿No puedo ver a mi ejército marchar en la batalla?
Y comenzando por mí su negra traición,
Taxile de su campo me convierte en una prisión?   680
¿Es entonces este ardor que me hizo aparecer?
Este humilde adorador se declara mi dueño
Y ya su amor se cansó de mi rigor
y cautiva mi persona por culpa de mi corazón?

CLÉOFILE
Explica mejor los cuidados, y los miedos.   685
De un rey vencedor que solo conoce tus encantos,
Y mire, señora, con más amabilidad.
El ardor que le interesa por tu seguridad.
Mientras que a nuestro alrededor dos poderosos ejércitos
Con igual calor en combate animado,   690
Su furia por todas partes hace volar las astillas,
¿En qué otra dirección dirigirías tus pasos?
¿Dónde más podrías evitar la tormenta?
Una completa calma en estos lugares asegura tu cabeza.
Todo está en silencio...   695

AXIANE
Y es esta tranquilidad
Cuya indigna seguridad no puedo soportar.

¿Qué pasa cuando mis súbditos mueren en una llanura
Siguiendo los pasos de Porus y luchan por su reina,
Que a costa de toda su sangre señalan su fe,
Que el grito de los moribundos llega casi hasta mí,   700
¿La gente me habla de paz? Y el campamento de Taxile
Mantiene la calma en este desorden;
Halagan mi dolor con una calma insultante,
¿Mis ojos se fijan en motivos de alegría?

CLÉOFILE
Señora, ¿quiere el amor de mi hermano   705
Abandonar una cabeza tan querida al peligro?
Él sabe demasiado bien acerca de las coincidencias...

AXIANE
Y para alejarme
¿Este generoso amante me tiene preso?
Y mientras por mí sus aventuras rivales,
¿Su valor pacífico me sirve de guardia aquí?   710

CLÉOFILE
¡Qué feliz está Porus! La más mínima distancia
Tu impaciencia es un tormento cruel.
Y si te creyéramos, la atención que funciona para ti
Le harías buscar hasta el campo de batalla.

AXIANE
Yo haría más, señora. Que movimiento tan hermoso   715
Me haría buscarlo hasta en la tumba,
Pierde todos mis estados y mira con ojos tranquilos.
Alexandre paga por ello el corazón de Cléofile.

CLÉOFILE

Si buscas a Porus, ¿por qué abandonarme?
Alexandre en estos lugares podrá traerlo de regreso.   720
Deja que cuide tu cabeza,
A este feliz amante guardamos nuestra conquista.

AXIANE

Triunfa, señora, y ya tu corazón
Corre hacia Alexandre y lo hace victorioso.
Pero por la sola fe de un amor que te halaga,   725
Quizás antes de tiempo estalle este gran orgullo.
Llevas tus apresurados deseos un poco lejos,
Y crees demasiado pronto lo que deseas.
Sí, sí...

CLÉOFILE

        Mi hermano viene y vamos a aprender.
Quién de nosotros, señora, podría haber
                              [entendido mal.   730

AXIANE

¡Ah! Ya no lo dudo, y ese semblante satisfecho
A mis ojos dice claramente que Porus está derrotado.

Escena II.
Taxile, Axiane, Cléofile.

Taxile

Señora, si Porus con menos rabia
Habría seguido los consejos de una amistad sincera,
Él ciertamente me habría ahorrado el dolor   735
Venir a ti yo mismo para anunciarte su desgracia.

Axiane

Que Porus...

Taxile

Está hecho. Y su valor engañado
Los males que he previsto se ven velados.
No lo es (para mi corazón respetando su virtud
No abrumes todavía a un rival derrotado)   740
No es solo su brazo luchando por la victoria.
Que se dé gloria a los enemigos sangrientos;
Que ella misma está apegada a sus hechos sorprendentes.
Durante algún tiempo no hubo dudas entre
                          [Alexandre y él.
Pero finalmente contra mí su valor irritado   745
Con demasiado calor se había apresurado.
Vi sus batallones derrotados y derribados,
Tus soldados en desorden, y los suyos dispersos,
Y él mismo, al final, se vio arrastrado a su huida,
A pesar de sí mismo, el vencedor evita la persecución, 750
Y de su vana ira, demasiado tarde desilusionada,
Deseando la ayuda que había rechazado.

AXIANE

¿Que se había negado? ¿Cómo? Por tu patria,
¿Tu indigno coraje está esperando que se le ruegue?
Por lo tanto, a pesar de ti mismo, debes arrastrarte
[a la batalla,   755
Y obligarte a salvar tus estados.
El ejemplo de Porus, ya que debemos llevarte allí,
Dime, ¿no fue una voz lo suficientemente fuerte?
Este héroe en peligro, tu amante en peligro,
¿Todo el Estado que perece no pudo animarte?   760
Anda, sirve bien al señor al que te entrega tu hermana.
Termina y haz de mí lo que su odio te ordene.
Dar igual trato a todos los vencidos,
Encadena a tu amante entregando a tu rival.
Bueno, eso es todo. Su desgracia y tu crimen.   765
He puesto a este héroe magnánimo en mi corazón.
Me encanta y lo quiero antes de que acabe el día.
Declara mi odio y mi amor,
Dedícale una amistad fiel ante tus ojos,
Y jurar a su pueblo un odio inmortal.   770
Adiós, ya me conoces. Ámame si quieres.

TAXILE

¡Ah! Espere solo deseos sinceros de mí,
Señora, no espere amenazas ni cadenas,
Alexandre sabe mejor lo que le debemos a las reinas.
Sufre que su dulzura te obligue a guardar   775
Un trono que Porus era menos probable que arriesgara;
Y yo mismo sería visto luchando a ciegas
La mano sacrílega que lo mataría.

AXIANE

Lo que por uno de vosotros dos fortaleció mi cetro,

¿Se convertiría en mis manos en regalo de un
[enemigo?   780

¿Y en mi propio trono me verían sentada
Por el mismo tirano que me había expulsado?

TAXILE

Reinas y reyes derrotados por su valor,
Permitió que su cuidado aliviara su desgracia.
Ver a la esposa y la madre de Darío.   785
Una lo trata como a un hijo, la otra lo trata como
[a un hermano.

AXIANE

No, no, no sé cómo vender mi amistad.
Acaricia a un tirano y gobierna con piedad.
¿Crees que estoy imitando a un persa débil?
¿Que Axiane fue retenida en la corte de Alexandre?   790
Y que con mi conquistador gobernando el universo
[entero,

¿Voy a alabar por todas partes la suavidad de sus hierros?
Si te da los Estados, que te dé los nuestros.
Que os adorne, si quiere, con el botín ajeno.
Reina, Porus ni yo no seremos celosos.   795
Y serás aún más esclavo que nosotros.
Espero que Alexandre, enamorado de su gloria,
Y enojado porque tu crimen ha mancillado su victoria,
Pronto será arrastrado por tu propia muerte.
Traidores como tú suelen ser personas ingratas;   800
Y con algunos favores que su mano te deslumbre,
El pérfido Bessus observa la tortura.
Adiós

Escena III.
Taxile, Cléofile.

CLÉOFILE
Ríndete, hermano mío, ante este transporte de fuego.
Alexandre y el tiempo te harán más fuerte.
Y esta amarga ira, diga lo que diga al respecto,   805
No persistirá en rechazar un imperio.
Dueño de sus destinos, tú eres dueño de su corazón.
Pero dime, ¿han visto tus ojos al ganador?
¿Qué tratamiento, hermano mío, debemos esperar?
¿Qué dijo?   810

TAXILE
          Sí, hermana mía, vi a tu Alexandre.
En primer lugar, este resplandor joven, que notamos
                              [en sus rasgos,
Me pareció desmentir la cantidad de sus hechos.
Mi corazón lleno de su nombre no se atrevió, lo confieso,
Concede tanta gloria con tanta juventud.
Pero desde este mismo frente el orgullo heroico,   815
El fuego de su mirada, su altísima majestad.
Dar a conocer a Alexandre. Y ciertamente su cara
Lleva el presagio infalible de su grandeza;
Y su augusta presencia apoyando sus proyectos
Sus ojos, como su brazo, crean sujetos en todas
                              [partes.   820
Estaba saliendo de la pelea. Deslumbrado por su gloria
Me pareció ver a Victory brillando en sus ojos.
Sin embargo, al verme, olvidando su orgullo,

Él a su vez mostró su bondad.
Sus transportes no me ocultaron su ternura.   825
Vuelve, me dijo, con la princesa,
Prepara sus hermosos ojos para volver a ver a
                                        [un ganador
Quien pondrá su victoria y su corazón a sus pies.
Él sigue mis pasos. No tengo nada que decirte,
Hermana mía, te dejo el imperio,   830
Aún te confío mi conducta.

CLÉOFILE
Tendrás todo el poder o yo no podré hacer nada.
Todo te obedecerá, si el ganador me escucha.

TAXILE
Así que me voy... Pero ya vamos. Es él mismo, sin duda.

Escena IV.
Alexandre, Taxile, Cléofile, Éphestion, suite de Alexandre.

ALEXANDRE
Vamos, Ephestion. Busquemos a Porus,   835
Salvemos su vida y la sangre de los vencidos.

Escena V.
Alexandre, Taxile, Cléofile.

ALEXANDRE   (A TAXILE.)
Señor, ¿es verdad que una reina ciega
Prefiere el valor desenfrenado a un rey?
Pero no temas. Su imperio es tuyo.
Somete a ese precio la ira de una mujer ingrata.   840
Señor de dos Estados, árbitro de los suyos,
Ve con tus deseos a ofrecer tres tiaras.

TAXILE
¡Ah! Es demasiado, Señor, prodiga un poco menos...

ALEXANDRE
Podrás reconocer mi atención cuando quieras.
No tardes. Ve donde el amor te llame,   845
Y corona tus fuegos con tan hermosa palma.

Escena VI.
Alexandre, Cléofile.

ALEXANDRE
Señora, a su amor le prometo mi apoyo.
¿Puedo hacer nada por mí cuando puedo hacerlo
                                        [todo por él?
Si lo prodiga con los frutos de la victoria,
¿Tendré solo para mí una gloria estéril?   850
Los cetros ante ti o devueltos o entregados,
Con mis propios laureles coronaron a mis amigos,
Los bienes que he conquistado esparcidos sobre
                                        [sus cabezas,
Demuestra que anhelo otras conquistas.
Te prometí que el esfuerzo de mi brazo   855
Pronto me acercaría a tus divinos encantos;
Pero al mismo tiempo recuerde, señora,
Que me prometes algún lugar en tu alma.
He venido. El amor luchó por mí.
La victoria misma ha liberado mi fe.   860
Todo a tu alrededor cede. Depende de ti rendirte,
Tu corazón lo prometió, ¿querrá defenderse?
¿Y podría él solo escapar hoy?
¿Al ardor de un ganador que solo se busca a sí mismo?

CLÉOFILE
No, no pretendo que este corazón inflexible   865
Conserve el título de invencible solo contra ti.
Devuelvo lo que debo al brillo de las virtudes
Que tienes bajo tus pies a cien pueblos abatidos.

Los indios sumisos son tus trabajos menores.
Inspiras miedo en el coraje más fuerte. 870
Y cuando quieres, a su vez, tus bondades.
En los corazones más duros inspirará el amor.
Pero, Señor, este brillo, estas victorias, estos encantos,
A menudo me molestan solo con alarmas.
Temo que satisfecho de haber conquistado un
[corazón, 875
No lo abandonasteis a su triste languidez;
Que insensible al ardor que habrás causado,
Tu alma no desdeña la conquista fácil.
Poco amor se espera de un héroe como tú.
La gloria siempre hizo tus transportes más dulces. 880
Y tal vez, en el momento en que este gran corazón
[suspira,
La gloria de derrotarme es todo lo que desea.

ALEXANDRE
Que poco sabes de deseos violentos
¡De un amor que lleva hacia ti todos mis suspiros!
Admito que una vez en medio de un ejército 885
Mi corazón solo suspiró por la Fama,
Los pueblos y reyes que se han convertido en mis
[súbditos,
Solo había objetos suficientemente dignos para mis
[deseos,
Las bellezas de Persia me presentaron
Así como sus reyes parecían vencidos. 890
Mi corazón con orgulloso desprecio armado contra
[sus facciones,
No ha honrado en el más mínimo homenaje sus
[atractivos.

Amante de la gloria, e invencible en todas partes,
Puso su felicidad en parecer insensible.
Pero, ¡ay!, dejad que vuestros ojos, esos amables

[tiranos,   895

Produzcan diferentes efectos en mi corazón.
Este gran nombre de ganador ya no es lo que desea,
Viene con mucho gusto a admitir su derrota,
Feliz ! Si tu corazón se deja conmover,
Tus hermosos ojos a su vez confesaron su poder.   900
Entonces, ¿siempre quieres dudar de su victoria?
¿Todavía me reprocho la gloria por mis hazañas?
Como si se prendieran los hermosos nudos donde

[me sostienes,

Solo debería detener a las mentes débiles.
Con hechos completamente nuevos, te voy a enseñar 905
Todo lo que el amor puede hacerle al corazón

[de Alexandre.

Ahora que mi brazo está comprometido bajo tus leyes
Debe apoyar mi nombre y el tuyo,
Iré y me haré famoso por el esplendor de la guerra.
Pueblos desconocidos para el resto de la tierra,   910
y levantaréis altares para vosotros en los lugares
Donde sus manos salvajes se lo niegan a los dioses.

CLÉOFILE

Sí, arrastrarás cautiva la victoria allí,
Pero dudo, Señor, que el amor te siga hasta allí;
Tantos estados, tantos mares que nos destrozarán,   915
Pronto me borrará de tu memoria.
Cuando el Océano turbulento te vea sobre sus olas,
Algún día completar la conquista del mundo;
Cuando veas a los reyes caer de rodillas,

Y la tierra, temblando, calla ante ti,   920
¿Pensarás, Señor, que una joven princesa,
En el fondo de sus estados, constantemente se
[arrepiente de ti,
Y recuerda en su corazón los momentos felices
¿Dónde le aseguró su fuego este gran conquistador?

ALEXANDRE
¿Oye qué? Entonces crees que soy un bárbaro.   925
¿Estoy abandonando tan rara belleza en estos lugares?
Pero tú mismo preferirías rendirte
¿En el trono de Asia donde quiero colocarte?

CLÉOFILE
Señor, sabes, dependo de mi hermano.

ALEXANDRE
¡Ah! Si solo él tuviera la felicidad que espero,   930
Todo el imperio de la India esclavizado bajo sus leyes.
Pronto a mi favor se postularía para su elección.

CLÉOFILE
Mi amistad por él no está interesada.
Apacigua solo a una reina ofendida,
Y no permitas que un rival hoy   935
Por haberte desafiado, sé más feliz que él.

ALEXANDRE
Porus fue sin duda un rival magnánimo,
Nunca tanto valor había atraído mi estima.
En el fragor de la batalla lo vi, me uní a él,
Y todavía puedo decir que no me evitó.   940

Nos estábamos buscando. Que hermoso orgullo
Iba a terminar nuestra pelea entre nosotros dos,
Cuando una masa de soldados se arrojó entre nosotros
Nos hizo enterrar nuestros tiros entre la multitud.

Escena VII.
Alexandre, Cléofile, Éphestion.

ALEXANDRE
Bueno, ¿traeremos de vuelta a este príncipe
                       [imprudente?   945

ÉPHESTION
Lo buscamos por todas partes. Pero cualquier cosa
                       [que podamos hacer,
Señor, hasta aquí su huida o su muerte
Saca a este cautivo del cuidado de tus soldados.
Pero un resto de su pueblo fue rodeado en su huida,
Y del soldado victorioso que detiene la persecución,   950
Parece que se están preparando para vendernos
                       [su muerte.

ALEXANDRE
Desarmar a los vencidos sin desesperarlos.
Señora, flexionemos una princesa orgullosa,
Para que Taxile se interese por mi amor;
Y como mi descanso debe depender del suyo,   955
Logremos su felicidad para establecer la mía.

Acto IV
Escena I.

AXIANE   (*Sola.*)
¿Alguna vez solo escucharemos gritos de victoria?
¿Cuál de mis enemigos me reprocha la gloria?
¿Y no podría al menos en tan grandes desgracias
¿Hablarme a solas de mi dolor?   960
De un amante odioso constantemente perseguido,
A mi pesar, la gente finge estar apegada a la vida.
La gente me observa, me sigue. Pero, Porus, no creas
Que alguien me impida seguir tus pasos.
Sin duda tu corazón no podría sobrevivir a nuestras
                              [desgracias, 965
En vano tantos soldados se arman para perseguirte,
Serás descubierto por el sonido de tus esfuerzos,
Y si hay que mirar, es solo entre los muertos.
¡Pobre de mí! Al dejarme, tu ardor se duplicó
Pareció prever los males que me abruman,   970
Cuando tus ojos se encuentran con los míos
                    [descubriendo tu languidez,
Me preguntó qué rango ocupabas en mi corazón;
Que sin preocuparte por el éxito de tus armas
El cuidado de tu amor te causó tanta alarma.
¿Y por qué te escondí con tantos rodeos?   975
¿Un secreto tan fatal para el resto de tus días?
Cuantas veces tus ojos forzando mi resistencia
¿Estaba mi corazón listo para romper el silencio?
Cuán a menudo sensible a tus ardientes deseos
¿Se me han escapado suspiros en tu presencia?   980

Pero todavía quería dudar de tu victoria.
Le expliqué mis suspiros a favor de la gloria,
Pensé que solo la amaba a ella. ¡Ah! Perdona, gran Rey,
Hoy siento claramente que solo te amaba a ti.
Admito que la gloria tuvo alguna influencia sobre mí. 985
Te lo he dicho cien veces. Pero tenía que decirte
Que solo tú me comprometiste bajo sus leyes.
Aprendí a conocerla viendo tus hazañas;
Y con el hermoso fuego que ella me había inflamado,
En otra persona que no seas tú la hubiera amado
                                              [menos.   990
Pero, ¿de qué sirve lanzar suspiros superfluos?
¿Quienes están perdidos en el aire y ya no escuchas?
Es hora de que mi alma descienda al sepulcro,
Te juro una amistad tan esperada.
Ya es hora de que mi corazón como prenda de su fe   995
Demuéstrale que él no podría vivir ni un momento
                                           [después de ti.
También podrías pensar que quería vivir
¿Bajo las leyes de un vencedor al que nos entrega
                                         [tu muerte?
Sé que está listo para venir y hablar conmigo.
Que devolviéndome mi cetro quiere consolarme.   1000
Él cree tal vez, él cree que mi odio ha sido sofocado.
Su falsa dulzura le servirá de trofeo.
Que venga. Él siempre me verá digno de ti.
Muere como reina como mueres como rey.

Escena II.
Alexandre , Axiane.

AXIANE
Bien, Señor, búscate algún atractivo   1005
En ver las lágrimas brotar por tus armas?
¿O envidias, en el estado en que me encuentro,
La triste libertad de llorar por mis penas?

ALEXANDRE
Tu dolor es gratuito y legítimo. Lamentas, señora,
La pérdida de un príncipe magnánimo.   1010
Yo era su enemigo, pero yo no estaba
Hasta el punto de culpar a las lágrimas que damos
                              [de nuestra muerte.
Antes de que la India me viera aparecer en sus orillas,
La brillantez de su virtud me lo había hecho conocer.
Entre los reyes más grandes se destacó,   1015
Yo sabia...

AXIANE
¿Por qué venir y atacarlo?
¿Por qué ley debe ser que en ambos extremos de la tierra
¿Buscabas virtud para hacerle la guerra?
¿No puede estallar el mérito en tus ojos?
¿Sin empujar tu orgullo a perseguirlo?   1020

ALEXANDRE
Sí, busqué a Porus. Pero digan lo que digan,
No lo estaba buscando para destruirlo.

Admitiré que arde para señalar mi brazo
Me dejo llevar por el ruido de sus peleas,
Y que en nombre exclusivo de un rey hasta ahora
[invencible, 1025
Mi corazón se volvió sensible a nuevas hazañas.
Mientras creía a través de mis diversas batallas
Fija los ojos del universo solo en mí,
Vi en este guerrero el valor generalizado
Mantenga la fama entre nosotros suspendida,   1030
Y viendo el miedo volar por todas partes desde su brazo,
La India pareció abrirse un campo digno de mí.
Cansado de ver reyes derrotados sin resistencia,
Escuché con placer el sonido de su valor:
Tan noble enemigo supo animarme,   1035
Vine a buscar gloria y peligro.
Su valentía, señora, superó mis expectativas.
La Victoria de seguirme una vez tan constante
Casi me abandonó para seguir a tus guerreros.
Porus me disputó los laureles más pequeños.   1040
Y me atrevo a decir nuevamente que al perder la victoria,
Mi enemigo mismo ha visto aumentar su gloria,
Que tan hermosa caída eleve su virtud,
Y que no hubiera querido no haber peleado.

AXIANE
¡Ay! Era necesario que tan noble deseo   1045
Le hizo abandonar todos los cuidados de su vida,
Ya que por todos lados traicionados, perseguidos,
Contra tantos enemigos se abalanzó.
Pero tú, si fuera verdad que su ardor guerrero
Habría abierto a la tuya una carrera ilustre,   1050
¿Por qué no has luchado dignamente, Señor?
¿Era necesario atacar su virtud con artimañas

Y lejos de alcanzar la gloria perfecta,
Esperar su derrota a manos de otros?
Triunfo. Pero sepa que Taxile en su corazón   1055
Ya está disputando por este bonito nombre de vencedor;
Que el traidor se halague con un poco de justicia.
Que solo conquistaste por su artificio.
Y es para mi dolor un espectáculo bastante dulce.
Verlo compartir esta gloria contigo.   1060

ALEXANDRE
En vano tu dolor se arma contra mi gloria.
Nunca se me ha visto robar la victoria,
Y por estos cobardes cuidados que no me pueden atribuir,
Engañar a mis enemigos en lugar de domesticarlos.
Aunque en todas partes parece abrumado por
                              [los números, 1065
No podía obligarme a esconderme en las sombras;
Solo culpan a mi brazo por su derrota,
Y el día ha iluminado mis luchas por todas partes.
Es cierto que me compadezco de la suerte de
                              [vuestras provincias,
Quería evitar la pérdida de tus príncipes.   1070
Pero si hubieran seguido mis consejos y mis deseos,
Los habría salvado o luchado contra ambos.
Si cree...

AXIANE
          Yo lo creo todo. Creo que eres invencible;
Pero, Señor, ¿te basta con que todo te sea posible?
¿Solo quieres encadenar a otros reyes   1075
Y hacer gemir impunemente al universo entero?
¿Qué te habían hecho tantas ciudades cautivas
Y tantas muertes como para cubrir las orillas del Hidaspes?

¿Qué he hecho para venir y abrumar en estos lugares
A un héroe en quien solo pudiera volver mis ojos?   1080
¿Se han invadido las fronteras de tu Grecia?
¡Hemos levantado naciones enteras,
contra tu gloria como para despertar tu ira?
¡Pobre de mí! Lo admirábamos sin tener celos.
Contentos con nuestros Estados, y encantados
                                    [unos con otros 1085
Esperábamos un destino más feliz que el suyo.
Porus limitó sus deseos a conquistar un corazón,
Quien quizás hoy lo hubiera nombrado su conquistador.
¡Ah! Si hubieras derramado sangre tan magnánima,
Cuando a ti solo se te podía culpar por este crimen, 1090
¿No te sientes, Señor, muy infeliz?
¿Haber llegado tan lejos para romper nudos tan bonitos?
No, cualquiera que sea la dulzura que tu alma se halague,
Eres solo un matón.

ALEXANDRE
Lo veo claramente, señora,
Quieres ser presa de una ira indigna   1095
En vergonzosos reproches estallé contra ti.
Tal vez esperes que mi cansada dulzura
Causará algún daño a su gloria pasada.
Pero si tu virtud no me hubiera encantado,
Atacas, señora, a un ganador desarmado.   1100
Mi alma a pesar de ti se queja comprometida
Respeta la desgracia en la que estás inmerso.
Es este desorden fatal el que te cierra los ojos,
Que solo me ve como un tirano odioso.
Sin él admitirías que la sangre y las lágrimas   1105
No siempre he mancillado la gloria de mis armas.
Tu verias...

AXIANE

Ah, Señor, que no los vea
¿Estas virtudes cuyo brillo amarga mi desesperación?
¿No he visto victorias modestas en todas partes?
¿Perder contigo el orgullo que lo hace tan
[desastroso? 1110
¿No veo a los escitas y a los persas derrotados?
Gozándote bajo el yugo y ensalzando tus virtudes,
Y finalmente discutir por deseo ciego,
¿A tus propios súbditos el cuidado de tu vida?
Pero ¿de qué sirve este corazón que perseguís?   1115
¿Ver en todas partes adorar tu bondad?
¿Crees que mi odio es menos violento?
¿Ver la mano que me atormenta besada por todas partes?
Tantos reyes vengados o rescatados por ti,
Tantos pueblos felices, ¿me devuelven Porus?   1120
No, Señor, te odio tanto más porque eres amado,
Más aún porque yo mismo debo admirarte,
Que el universo entero me imponga la ley,
Y por fin nadie te odia conmigo.

ALEXANDRE

Perdono los transportes de tan tierna amistad.   1125
Pero señora, después de todo deben sorprenderme.
Si la voz común no me ha engañado,
Porus no fue favorecido de ninguna manera.
Tu corazón pende de un hilo entre Taxile y él,
Mientras duraron sus días guardó silencio.   1130
Y cuando hoy ya no pueda oírte,
¿Está usted empezando, señora, a pronunciarse por él?
¿Crees que sensible a este nuevo ardor,
¿Sus cenizas todavía exigen que las quemes por ella?
No te abrumes con dolores innecesarios.   1135

La atención más importante lo llama a otra parte.
Tus lágrimas han honrado bastante su memoria.
Reina, y desde este rango conserva mejor la gloria;
Y devolviendo la calma a tus sentidos desolados,
Tranquilizad a vuestros Estados por su caída
                                       [estremecida. 1140
Entre tantos grandes reyes, elige un maestro para ellos.
Más ardiente que nunca Taxile...

AXIANE
¿Qué traidor?

ALEXANDRE
Ey ! Por favor toma sentimientos más dulces,
Ninguna traición lo contamina hacia ti.
Señor de sus Estados supo resolver   1145
Para protegerse con ellos del rayo.
Ni el juramento ni el deber lo habían comprometido
Corriendo hacia el abismo en el que se sumergió Porus.
Finalmente recuerda que el propio Alexandre
Interesado en la felicidad de un príncipe que
                                         [te ama. 1150
Considera que unidos por una elección tan justa
Toda la India y Hidaspes fluirán bajo tus leyes,
Que por tus intereses todo me será fácil
Cuando los veo unidos con los de Taxile.
Él viene. No quiero contener sus suspiros.   1155
Le dejé que él mismo explicara sus deseos.
Mi presencia en tus ojos ya es demasiado dura.
La conversación de los amantes busca la soledad.
No te estoy molestando.

Escena III.
Axiane, Taxile.

AXIANE
Acércate, rey poderoso,
Gran monarca de la India, aquí estamos hablando
                         [de ti. 1160
Queremos luchar contra mi ira en tu nombre.
Dicen que tus deseos solo aspiran a complacerme,
Que mis rigores solo fortalezcan tu amor.
Hacemos más y queremos que yo también te ame.
¿Pero conoces la empresa a la que se dedica tu llama?1165
¿Sabes con qué secretos se puede tocar mi alma?
Estás listo...

TAXILE
       Ah señora, comprueba amargamente.
lo que puede hacerle, esperanza tan encantadora,
                       [a mi corazón!
¿Qué vamos a hacer ?

AXIANE
Es necesario, si es verdad que alguien me ama,
Amar la gloria, tanto como la amo yo mismo,   1170
Explícame sus deseos solo con mil hechos hermosos,
Y odio a Alexandre tanto como yo lo odio a él.
Debemos caminar sin miedo en medio de las alarmas,
Debemos luchar, conquistar o morir bajo las armas.
Echa, fija tus ojos en Porus y en ti,   1175
Y juzga cuál de los dos era digno de mí.

Sí, Taxile, mi corazón aparentemente dudoso,
Un esclavo y un rey marcaron la diferencia.
Lo amaba, lo adoro. Y desde un destino celoso
Le prohíbe disfrutar de tan dulce espectáculo,	1180
Eres a ti a quien escojo como testigo de su gloria,
Mis lágrimas siempre revivirán su memoria,
Siempre me verás en el colmo de mi aburrimiento,
Aprovecha todo el placer de hablar contigo sobre él.

TAXILE

¿Entonces ardo en vano por un alma congelada?	1185
La imagen de Porus no se puede borrar,
Cuando voy a complacerte a enfrentar la muerte,
Me perdería, señora, y no le complacería.
Así que no puedo...

AXIANE

Puedes recuperar mi respeto.
En sangre enemiga puedes lavar tu crimen.	1190
La oportunidad se ríe de ti, Porus en la tumba
Reúne a sus soldados alrededor de su bandera.
Solo su sombra todavía parece detener su huida.
Incluso el tuyo, el tuyo avergonzado de tu conducta,
Que lean en sus frentes justamente enojadas	1195
Arrepentimiento del crimen al que los obligaste.
Sostendrán el ardor del fuego que los devora.
Venga nuestras libertades que aún respiran.
Conviértete en el defensor de mi trono y el tuyo.
Corre y dale a Porus un digno sucesor.	1200
No me contestas nada. Veo en tu cara,
Que tan noble designio asombre vuestro coraje.
En vano os ofrezco el ejemplo de un héroe.
Quieres servir. Ve, sirve y déjame en paz.

TAXILE

Señora, esto es demasiado. puedes olvidar   1205
Que si me obligas, puedo hablar como un maestro.
Que puedo cansarme de soportar tu desprecio,
Que vos y vuestros Estados, todo está en mis manos,
Que después de tanto respeto que te enorgullece más,
Podría...   1210

AXIANE

                Te escucho. Soy tu prisionero;
Quizás aún quieras cautivar mis deseos,
Que mi corazón tembloroso responda a tus suspiros.
Bueno, finalmente deshazte de esta dulzura restringida.
Llama al terror y al miedo en tu ayuda,
Habla como un tirano dispuesto a perseguirme.   1215
Mi odio no puede crecer y tú puedes intentar cualquier
cosa.
Sobre todo, no me hagas amenazas innecesarias.
Tu hermana viene a inspirarte en lo que debes hacer.
Adiós. Si se creen sus consejos y mis deseos,
Pronto me ayudarás a llegar a Porus.   1220

TAXILE

¡Ah! En cambio...

Escena IV.
Taxile, Cléofile.

CLÉOFILE

     ¡Ah! Deja a esta princesa ingrata,
Cuyo odio ha jurado perturbarnos continuamente,
Que se complace en hacerte desesperar.
Olvidar...

TAXILE

     No, hermana mía, quiero adorarla.
Me encanta. Y cuando los deseos que presiono
                       [por ella, 1225
Nunca obtendría nada más que odio inmortal,
A pesar de todo su desprecio, a pesar de todos
                       [sus discursos,
A pesar de mí mismo, siempre debo amarlo.
Después de todo, su enfado no es nada que me sorprenda.
Eres tú, soy yo quien tengo la culpa,   1230
Sin ti, sin tus consejos, hermana mía, que me traicionó.
Si no fuera amado, sería menos odiado.
Lo vería defendido sin ti,
Entre Porus y yo quedamos suspendidos.
¿Y no sería una felicidad demasiado encantadora?   1235
¿Que haberla hecho dudar por un momento?
No, ya no puedo vivir abrumada por su odio,
Debo arrojarme a los pies de lo inhumano.
Corro allí. Me ofreceré para servir a su ira.
Incluso contra Alexandre, e incluso contra ti.   1240
Sé con qué pasión arden el uno por el otro.

Pero es demasiado olvidar mi descanso por el tuyo,
Y sin preocuparte por el éxito de tus fuegos,
Todo debe perecer o debo ser feliz.

CLÉOFILE

Ve entonces, regresa al campo de batalla,   1245
No dejéis languidecer el ardor que obra en vosotros.
¿Dónde termina ese coraje voluble?
Correr. Estamos preparados. Y Porus te está esperando.

TAXILE

¿Qué Porus no está muerto? ¿Porus acaba de aparecer?

CLÉOFILE

Es él. Golpes tan grandes lo hacen demasiado
                              [reconocible. 1250
Lo había planeado bien. El sonido de su muerte
Retuvo el brazo de un ganador demasiado crédulo.
Él viene para sorprender su adormecido valor,
E interrumpir una victoria que todavía está mal
                              [consolidada.
Viene, no lo dudes, como un amante furioso   1255
Para secuestrar a su amante o perecer ante su vista.
¿Qué digo? Tu campamento está seducido por este
                              [ingrato,
Listo para seguir a Porus, estallan murmullos.
Ve tú mismo, ve como un amante generoso.
En ayuda de un rival amado con tanta ternura,   1260
Adiós.

Escena V.

TAXILE   (*Solo.*)
        ¿Qué? La fortuna me perjudica obstinadamente
¿Resucitar a un rival armado para destruirme?
Este amante volverá a ver los ojos que lloraron por él,
¿Quién, muerto como estaba, lo había preferido a
                              [él antes que a mí?
¡Ah! Esto es demasiado. A ver qué me depara el
                                   [destino, 1265
¿A quién debe quedar esta noble conquista?
Vamos. No esperemos con ira cobarde
Que esta gran disputa termine sin nosotros.

Acto V
Escena I.
Alexandre, Cléofile.

ALEXANDRE

¿Qué? ¿Temías a Porus incluso después de su derrota?
¿Te pareció imperfecta mi victoria?   1270
No, no, es un cautivo que no pudo escapar de mí,
Al que mis órdenes han cercado.
Lejos de temerle, piensa solo en compadecerle.

CLÉOFILE

Y es en este estado donde hay que temer a Porus.
Por valiente que fuera, el ruido de su valor   1275
Me preocupaba mucho menos que su desgracia.
Mientras lo vimos seguido por un ejército poderoso,
Sus puntos fuertes, sus hazañas no me alarmaron.
Pero, Señor, es un rey infeliz y sumiso,
Y desde entonces lo cuento entre tus amigos.   1280

ALEXANDRE

Es un rango que Porus ya no tiene derecho a reclamar.
Buscaba demasiado para odiar a Alexandre.
Él sabe bien que con pesar resolví hacerlo;
Pero al final lo odio tanto como él quería.
Incluso debo un ejemplo al resto de la tierra.   1285
Debo vengar en él todos los males de la guerra;
Castigarlo por las desgracias que pudo evitar,
Y por obligarme a castigarlo yo mismo.
Derrotado dos veces, odiado por mi bella princesa...

CLÉOFILE

No odio a Porus, Señor, lo confieso.   1290
Y si hoy me permitieran escuchar
La voz de sus desgracias que me habla por él,
Yo os diría que fue el más grande de nuestros príncipes,
Que su brazo fue durante mucho tiempo el sostén
                              [de nuestras provincias,
Que quiso, tal vez, al marchar contra ti   1295
Que sea considerado digno al menos de caer bajo
                              [tus golpes,
Y que el mismo combate señale a ambos,
Su nombre voló por todas partes siguiendo al tuyo.
Pero si lo defiendo, tan generoso cuidado.
Cae sobre mi hermano y destruye sus deseos.   1300
Mientras Porus viva, ¿qué será de él?
Su pérdida es infalible, y tal vez la mía.
Sí, sí, si su amor no consigue nada,
Me hará culpable y querrá castigarme por ello.
Y ahora otra vez, deja que tu corazón se prepare   1305
Para volar de nuevo de conquista en conquista,
Cuando veo el Ganges entre mi hermano y tú,
¿Quién frenará, Señor, su injusta ira?
Mi alma, lejos de ti, languidecerá sola.
¡Ay! Si condenó al silencio mis suspiros,   1310
¿Qué sería entonces de este infortunado corazón?
¿Dónde estará el ganador a quien se lo di?

ALEXANDRE

Ah, es demasiado, señora, y si este corazón se entrega,
Sabré conservarlo, lo que ordene Taxile,
Mucho mejor que tantos Estados que me he visto
                              [conquistar 1315
Y que solo me quedé para ofrecértelos.

Una victoria más y volveré, señora,
Limita toda mi gloria a reinar sobre tu alma,
Me obedeces y pones en tus manos.
El destino de Alexandre y el de los humanos.   1320
El maliense me espera dispuesto a rendir homenaje.
Tan cerca del océano, ¿qué más se necesita?
¿Ir y mostrarme a este elemento feroz,
Como conquistador del mundo y como tu amante?
Entonces...   1325

CLÉOFILE

        Pero ¿qué, Señor, siempre guerra tras guerra?
¿Estás buscando súbditos más allá de la tierra?
¿Quieres como testigos de tus hechos llamativos?
¿Países desconocidos incluso para sus habitantes?
¿Qué esperas luchar en climas tan duros?
Te opondrán vastas soledades,   1330
Desiertos que el cielo se niega a iluminar,
Donde la propia naturaleza parece expirar.
Y tal vez el destino, cuyo deseo secreto
No pude ocultar el curso de una vida tan hermosa,
Te espera en estos lugares y te quiere en el olvido.   1335
Al menos tu tumba permanece enterrada.
¿Piensas arrastrar hasta allí los restos de un ejército,
¿Veinte veces renovado y veinte veces consumido?
Tus soldados cuya vista despierta lástima,
De ellos mismos en cien lugares han dejado la mitad.1340
Y sus gemidos te hacen bien conocido...

ALEXANDRE

Ellos caminarán, señora, y yo solo tengo que aparecer.
Estos corazones que en un campamento de vano
                              [ocio decepcionaron

Cuente en susurros los golpes que recibieron,
Volverá a vivir para seguirme, y culpando a sus
[murmuraciones, 1345
Nuevas heridas aparecerán en mis ojos.
Sin embargo, desde Taxile apoyamos los suspiros.
Su rival ya no puede cruzar sus deseos,
Se lo dije, señora, y me atrevo a decírselo de nuevo…

CLÉOFILE
Señor, aquí está la reina.   1350

Escena II.
Alexandre, Axiane, Cléofile.

ALEXANDRE
Bien ! Porus respira.
El cielo parece, señora, escuchar sus deseos,
Él te lo devuelve...

AXIANE
¡Pobre de mí! ¡Me lo quita para siempre!
Ningún resto de esperanza puede halagar mi dolor,
Su muerte fue dudosa, se vuelve cierta,
Corre hacia ella. Y tal vez no venga a ofrecerse   1355
Solo para verme de nuevo y ayudarme.
¿Pero qué haría él solo contra todo un ejército?
En vano sus grandes esfuerzos la alarmaron al principio.
En vano unos guerreros animados por su gran corazón.
Devolvió el miedo al campamento de los vencedores.1360
Debe sucumbir, y finalmente su coraje
Se encuentra con tantos muertos que le cierran el paso.
Incluso si pudiera dejar estos lugares,
Muéstrale a Axiane y muere ante sus ojos.
Pero Taxile me encierra y, sin embargo, el traidor   1365
La sangre de este héroe fue a festejar.
En los brazos de la muerte la mirará,
Si, sin embargo, todavía se atreve a acercarse a ella.

ALEXANDRE
No, señora, mis cuidados aseguraron su vida.
Su regreso pronto satisfará tu deseo.   1370
Lo verás.

Axiane

        ¿Su cuidado se extendería a él?
¿El brazo que lo agobiaba se convertiría en su apoyo?
¿Esperaría su salvación de la mano de Alexandre?
¿Pero qué milagro no debo esperar?
Recuerdo, Señor, que me prometiste   1375
Que el victorioso Alexandre no tuviera más enemigos.
O mejor dicho, este guerrero nunca fue tuyo.
La gloria también os armó a ambos,
Contra tan gran coraje quiso ponerse a prueba,
Y solo lo atacaste para salvarlo.   1380

Alexandre

Su redoblado desprecio que desafía mi ira,
Probablemente merecería un ganador más duro.
Su orgullo por la caída parece haberse fortalecido.
Pero quiero dejar de ser su enemigo.
La despojo, señora, del odio y del título,   1385
De mis rencores hago árbitro a Taxile
Solo él puede elegir entre perderlo o salvarlo,
Y es solo a él a quien debes ganar.

Axiane

¿Me pondría de pie para pedirle asilo?
¿Y me remites a la amabilidad de Taxile?   1390
¿Quieres que Porus busque apoyo tan bajo?
Ah, Señor, tu odio ha jurado morir.
No, solo lo buscabas para destruirlo.
¡Qué fácil es seducir a un alma generosa!
Ya mi crédulo corazón olvida su ira   1395
Admira las virtudes que no están en ti.
Ármate, pues, Señor, de valor cruel.
Maldito final de una carrera tan bonita.

Después de tantos enemigos que te vimos levantarte,
Pierdes el único que tenías que salvar.   1400

ALEXANDRE
Bueno, ama a Porus sin distraerte de su pérdida.
Rechaza el favor que te ofrecieron.
Sospecha de mi lástima un sentimiento de celos,
Pero finalmente, si muere, échate la culpa a ti mismo.
Aquí está. Me gustaría consultarlo él mismo.   1405
Que Porus sea el árbitro supremo de su destino.

Escena III.
*Alexandre, Porus, Axiane, Cléofile, Ephestion, los guardias
de Alexandre.*

ALEXANDRE
Pues bien, de tu orgullo, Porus, aquí está el fruto.
¿Dónde están esos grandes éxitos que te sedujeron?
Ese orgullo tan alto finalmente se rebaja.
Debo una víctima a mi ofendida gloria.   1410
Nada puede salvarte. Sin embargo, me gustaría
Ofrecertete el perdón tantas veces negado.
Solo esta reina tiene mi bondad rebelde.
A costa de tus días quiere serte fiel,
Y que sin balancearte solo morirías   1415
Para llevar el nombre de su amante a la tumba.
No compréis tan cara la gloria inútil.
Vivir. Pero consiente la felicidad de Taxile.

PORUS
¿Taxile?

ALEXANDRE
Sí.

PORUS
Haces bien. Y apruebo tu cuidado.
Lo que hizo por ti no merece menos.   1420
Fue él quien me arrebató la victoria de las manos.
Te dio a su hermana. Él te vendió su gloria.
Él te entregó Porus. ¿Qué harás alguna vez?

¿Quién podrá recompensarte con una de sus bendiciones?
Pero supe impedir el cuidado que te embarga.   1425
Ve a verlo expirar en el campo de batalla.

ALEXANDRE
¿Qué Taxile?

CLÉOFILE
¿Qué escucho?

ÉPHESTION
Sí, Señor, está muerto,
Se entregó a los rigores de su destino.
Porus fue derrotado. Pero en lugar de rendirse,
Parecía atacar y no defenderse.   1430
Sus soldados a sus pies yaciendo y muriendo
Lo protegieron de sus cuerpos agonizantes.
Allí, como en un fuerte, encerrada su audacia
Todavía se apoyaba contra todo un ejército,
Y con un brazo que llevaba terror y muerte   1435
Los guerreros más audaces defendieron el acceso.
Siempre lo perdoné. Su vigor debilitado
Pronto en mi poder habría dejado su vida,
Cuando Taxile descendió sobre este campo fatal,
«Detente, este cautivo me lo debes,   1440
Hecho está, dijo, y tu destino es seguro,
Porus, debes morir o entregarme a la reina».
Porus ante esta voz reavivando su ira,
Levantó este brazo cansado de tantos golpes.
Y buscando a su rival con mirada soberbia y
                              [tranquila, 1445
«¿No oigo», dijo, «al infiel Taxile
¿Este traidor a su patria, a su amante, a mí?

Vamos, cobarde, continúa, Axiane es tuya.
Estoy dispuesto a cederte esta ilustre conquista,
Pero tu brazo debe prevalecer sobre mi cabeza.   1450
Acercarse». En este discurso estos irritados rivales
Ambos corrieron el uno hacia el otro.
Nosotros, en la multitud, nos opusimos a su furia.
Pero Porus entre nosotros corre y se abre un paso,
Taxile conjunto, lo golpea y le atraviesa el corazón,   1455
Feliz con su victoria, se entrega al vencedor.

Cléofile

Señor, a mí me corresponde, por tanto, derramar lágrimas.
Sobre mí ha recaído todo el peso de vuestras armas.
Mi hermano buscó tu apoyo en vano,
Y vuestra gloria, ay, solo le resulta fatal.   1460
¿De qué le sirve la amistad de Alexandre en la tumba?
Sin vengarlo, Señor, ¿lo verás bajar allí?
¿Sufrirás que después de haberlo traspasado a golpes,
¿Triunfamos ante los ojos de su hermana y tú?

Axiane

Sí, Señor, escucha las lágrimas de Cleófilo.   1465
La compadezco. Tiene derecho a extrañar a Taxile.
Todos sus esfuerzos en vano quisieron preservarlo,
Ella lo convirtió en un cobarde y no pudo salvarlo.
No es que Porus haya atacado a su hermano.
Se ofreció a su justa ira.   1470
¿En medio de la pelea qué buscaba?
¿Vino a arrebatárselo a la ira del vencedor?
Llegó a abrumar, en su extrema desgracia,
Un rey que la propia Victoria respetaba.
¿Pero por qué quitar tan hermoso pretexto?   1475
¿Qué más quieres? Taxile está en la tumba.

Inmola a esta gran víctima, Señor.
Tomar venganza. Pero recuerda que yo participé
                                  [en su crimen.
Sí, sí, Porus, mi corazón no ama a medias,
Alexandre lo sabe, Taxile se queja al respecto.   1480
Solo que no lo sabías. Pero mi alegría es extrema,
Para poder decírtelo a ti mismo cuando mueras.

PORUS

Alexandre, es hora de que estés satisfecho.
Derrotado como estaba, ya ves lo que hice.
Teme Porus; Todavía temo esta mano desarmada,   1485
Que venga su derrota en medio de un ejército.
Mi nombre puede levantar nuevos enemigos,
Y despertar a cien reyes en sus cadenas dormidas.
Sofoca estas semillas de guerra en mi sangre,
Conquistará el resto de la tierra con seguridad.   1490
Así que no esperes por un corazón como el mío
Reconoce a un ganador y no pidas nada.
Habla, y sin esperar que dañe mi gloria,
Veamos cómo sabes aprovechar la victoria.

ALEXANDRE

Tu orgullo, Porus, no puede ser rebajado.   1495
Hasta el último aliento te atreves a amenazarme.
De hecho, mi victoria debería ser alarmante.
Tu nombre puede aún más que el de todo un ejército.
Debo garantizarlo. Hablar entonces. Dime,
¿Cómo dices que te trato?   1500

PORUS

Como rey.

Alexandre

Bueno, entonces debo tratarte como a un rey.
No dejaré que mi victoria sea imperfecta.
Lo querías, no te quejarás.
Reina siempre, Porus, te devuelvo tus dominios.
Con mi amistad recibe a Axiane.   1505
A tan dulces lazos os condeno a ambos.
Vivir, reinar ambos, y solo entre tantos reyes.
Id y entregad vuestras leyes a las orillas del Ganges.
(A Cléofile.)
Este trato, señora, tiene derecho a sorprenderla.
Pero finalmente así es como Alexandre se venga.   1510
Te amo y mi corazón enternecido por tus suspiros.
Quisiera vengar vuestro descontento con mil muertes.
Pero tú misma podrías ofenderte
Con la muerte de un enemigo que no se defienda.
Triunfaría, y desafiando mi rigor   1515
Porus en la tumba descendería victorioso.
Sufrir hasta el final terminando mi carrera.
Traigo toda mi virtud a tus hermosos ojos.
Que Porus reine coronado por mis manos.
Y dirige tú mismo al resto de la humanidad.   1520
Toma los sentimientos que te inspira este rango,
Que vuestro imperio sea admirado en su nacimiento;
Y mirando el resplandor que cae sobre ti,
De la hermana de Taxile olvida la ira.

Axiane

Sí, señora, reina y sufre que yo mismo   1525
Admiro el gran corazón de un héroe que te ama.
Amar y poseer la encantadora ventaja.
Ver toda la tierra adorar a tu amante.

PORUS

Señor, hasta el día de hoy, el universo está en alarma.
Me obligó a admirar la alegría de tus armas.   1530
Pero nada me obligó a este miedo común,
Para reconocer más virtudes en ti que en mí,
Me rindo. Os entrego una victoria total.
Tus virtudes, lo admito, igualan tu gloria,
Ve, Señor, ordena el universo bajo tus leyes,   1535
Él mismo me verá apoyando tus hazañas.
Te sigo y creo que debo emprenderlo todo.
Para darle un maestro tan grande como Alexandre.

CLÉOFILE

Señor, ¿qué puede decirte un corazón triste y abatido?
No murmuro contra tu virtud.   1540
Tú devuelves la vida y la corona a Porus,
Quiero creer que así lo manda tu gloria,
Pero no me apresures. En el estado en el que
                                        [me encuentro
Solo puedo quedarme callado y llorar por mis problemas.

ALEXANDRE

Sí, señora, lloremos a un amigo tan fiel,   1545
Suspirando, estallemos con nuestro celo
Y que una tumba soberbia instruya en el futuro,
Tu dolor y mi recuerdo.

Fin